MASCHA SCHACHT

Praxiscoach PFLANZEN SCHUTZ

Das perfekte Rundum-Infopaket

blv

Was Sie in diesem Buch finden

Pflanzenschutz-Basics

Gärtner lieben Rosen – Blattläuse lieben Rosen. So etwas nennt man dann einen Interessenkonflikt. Da derartige Begebenheiten im Garten vorprogrammiert sind – immerhin basiert die ganze Evolution auf Konkurrenzsituationen – stellt man sich am besten beizeiten darauf ein. Denn mit der richtigen Taktik wird Gärtnern wieder zu dem, was es eigentlich sein soll: ein Hobby, das Spaß macht!

Pflanzenschutz – das ödeste Thema der Gartenwelt?

Es betrifft jeden, der sich mit Pflanzen beschäftigt, egal ob als Freiland- oder Topfgärtner, dennoch ist wohl kein anderes Gartenthema derart unbeliebt wie der Pflanzenschutz. Und kein anderes Thema wird so kontrovers und oft hoch emotional diskutiert wie der Einsatz chemischer Pflanzenschutzmittel: Es gibt überzeugte Befürworter und strikte Gegner – und dazwischen lange nichts. Oder vielleicht doch? Hand aufs Herz, sehr viele Menschen starten zwar mit dem guten Vorsatz, rein biologisch zu gärtnern. Aber gerade wenn ein Pflänzchen akut leidet, die Zeit knapp oder das gärtnerische Wissen noch nicht so umfangreich ist, scheinen Pflanzenschutzmittel schnelle und einfache Hilfe zu versprechen, also wird doch gespritzt. Und steht auf vielen Mitteln nicht ausdrücklich »bienenschonend« oder »mit natürlichen Wirkstoffen«?!

Dieses Buch möchte dreierlei:

- Den Spaß am Thema Pflanzenschutz wecken. Denn eigentlich es ist ziemlich spannend, die unterschiedlichen Angriffs- und Verteidigungsstrategien von Pflanzen, Tieren, Mikroorganismen und Menschen kennen- und verstehen zu lernen. Vor allem, wenn man daraus wichtige Erkenntnisse für das eigene Handeln ableiten kann.
- Zeigen, wie man Problemen einfach und nachhaltig vorbeugen kann. Ganz ohne Spritze, nur mit ein bisschen Hirnschmalz und dem richtigen Timing. Denn Pflanzenschutz beginnt nicht erst, wenn das Pflänzchen schon hustet, sondern verhindert im Idealfall, dass es überhaupt so weit kommt. Das Tolle am Vorbeugen: Es ist meist viel einfacher, kostengünstiger und nervenschonender als die Behandlung akuter Probleme – zumal es im letztgenannten Fall oft nur noch um Schadensbegrenzung geht.
- Für den Notfall finden Sie in diesem Buch konkrete Wirkstoffempfehlungen, die nicht nur laut Verpackung, sondern tatsächlich verhältnismäßig umweltschonend sind. Denn auch dem gewieftesten Gärtner erkrankt mal ein Pflänzchen – und wenn es dann noch die Lieblingspflanze ist, kann der Kopf noch so laut rufen, dass ein neues Exemplar unkomplizierter und preiswerter wäre, das Herz verlangt nach sofortigen Rettungsmaßnahmen.

Grundlagenwissen und Schadbilder

Gärtnerinnen und Gärtner sind von ihrer Grundeinstellung ausgesprochen empathische und solidarische Wesen: Kränkelt die Pflanze, leidet auch der Mensch; lässt ein Exemplar außerplanmäßig Blätter fallen, schießt der Adrenalinpegel in die Höhe. Nun befähigt Adrenalin zwar zu außerordentlichen körperlichen Leistungen – ein Relikt aus der Zeit, da uns Schnecken kaltließen, weil der Garten mit Säbelzahntigern bevölkert war. Bei komplexen Entscheidungen ist das Stresshormon hingegen weniger förderlich. Mit den Grundlagen des Pflanzenschutzes beschäftigt man sich daher am besten schon im Vorfeld. Denn ein umfassendes Basiswissen hilft sowohl beim Vorbeugen als auch dabei, im akuten Notfall den Kopf zu behalten.

Im ersten Kapitel geht es um die wichtigsten Fragen rund um den Pflanzenschutz:

- Welche Vor- und Nachteile haben chemische Pflanzenschutzmittel?
- Müssen zugelassene Mittel nicht automatisch ungefährlich sein?
- Was steckt hinter Siegeln, die ein Produkt als »bienenfreundlich« ausweisen?
- Wie effektiv sind umweltschonende Wirkstoffe?
- Sind Hausmittel generell umweltfreundlich?

Im zweiten Kapitel erfahren Sie, was Sie tun können, um Ihre Pflanzen stark und Schaderregern das Leben schwer zu machen. Außerdem geht es um vorbeugende Pflanzenschutzmaßnahmen, die gegen mehrere Krankheiten oder Schaderreger helfen. Und wir widmen uns dem biologischen Pflanzenschutz mit Nützlingen – hier heißt es, vom Profigartenbau lernen!

Im dritten Kapitel finden Sie schließlich eine Reihe wichtiger Pflanzenkrankheiten und -schädlinge. Wohlgemerkt ohne Anspruch auf Vollständigkeit, aber das ist vielleicht auch ganz gut so; andernfalls wäre angesichts der Bedrohungslage vermutlich so mancher Leser geneigt, auf Kunstblumen umzusteigen – das muss verhindert werden! Stürzen wir uns stattdessen lieber voller Optimismus ins Getümmel und lernen zunächst die Schaderreger besser kennen, die uns in unserem Gärtnerleben immer wieder begegnen werden. In diesem Sinne: viel Spaß beim Lesen!

Hübsch, aber hungrig: das Lilienhähnchen

Unerwünschte Beikost: Himbeerkäferlarve

Schnecke, Mehltau, Giersch – Gemeinheiten der Natur?

Sie krabbeln oder fliegen, graben oder bohren, schwimmen unsichtbar in Wassertropfen oder werden mit dem Wind verweht – und sie wollen alle nur das eine: saftigen Pflanzen an Wurzel, Stängel, Blatt oder Blüte.

Manchmal kann man sich tatsächlich des Eindrucks nicht erwehren, das eigene Gärtchen sei Ziel eines Fress-Flashmobs geworden. Zeitrahmen: unbestimmt; Appetit der Teilnehmer: gewaltig. Wüstes Fäusteschütteln gegen die ungehobelte Bande ist nur zu verständlich – aber ist es auch angemessen? Vom Singvogel bis zum Igel, von der Eidechse bis zur Blindschleiche, vom Salamander bis zur Erdkröte und vom Siebenschläfer bis zur Fledermaus: Sie alle sind auf die vielen unterschiedlichen »Schaderreger« und »Unkräuter« angewiesen – die unter diesem Gesichtspunkt völlig zu Unrecht einen derart schlechten Ruf haben.

Blattläuse als Powerfood

Ein Garten ohne Blattläuse (siehe S. 98) beispielsweise stünde unter keinem guten Stern, denn die kleinen Krabbler dienen nicht nur

Schädling oder Festschmaus? Viele Gartenbewohner freuen sich über Raupen, Blattläuse und Käfer.

Hat jemand was von Schnecken gesagt? Beim Igel stehen die Weichtiere ganz oben auf der Speisekarte.

zahlreichen Vogelarten als Beute, sondern auch vielen Nützlingen, etwa Spinnen, Raubwanzen, Marienkäfern und ihren Larven sowie den Larven von Florfliegen, Schlupfwespen, Raubwanzen und Schwebfliegen. Ohne ein paar ordentliche Blattlausmahlzeiten am Tag würden diese Gartenhelfer nur schwerlich die notwendige Populationsstärke erreichen, um andere Schädlinge in ihre Schranken weisen zu können.

Freund oder Feind?

Beim Apfelblütenstecher sowie der Apfel- und Birnensägewespe hält sich die Zahl der Likes in engen Grenzen, schließlich lassen sie Blüten oder junge Früchte vorzeitig zu Boden rieseln. Allerdings mindern sie die Ernte in normalen Befallsjahren nur um einen kleinen Teil, und das ist nicht unbedingt schlecht. Auf diese Weise sorgen sie nämlich dafür, dass sich der Baum nicht übernimmt – denn je größer die Fruchtproduktion im einen Jahr, desto geringer fällt sie im Folgejahr aus. Hier sparen die Insekten dem Gärtner also sogar Arbeit: Er kann auf das sogenannte Ausdünnen, das Regulieren des Blüten- oder Fruchtbehangs per Hand, verzichten.

Auch bei Gänseblümchen und anderen »Unkräutern« (siehe S. 76) ist es schlicht eine Frage der Sichtweise, ob sie als Last empfunden werden oder als Bereicherung für Auge und Gaumen sowie mitunter sogar als Teil der Hausapotheke. Fakt ist: Sie sind wichtige Nektar- und Pollenspender für Bienen, Hummeln und andere Insekten, und die Nahrungsgrundlage vieler tierischer Vegetarier und Allesfresser, vom Vogel über die Haselmaus bis hin zu den Raupen zahlreicher beliebter Schmetterlingsarten.

Wer frisst schon Mehltau?

Zugegeben, während man sich bei einer fetten Schnecke noch gut vorstellen kann, wie sie einen Amselmagen füllt, scheinen Daseinssinn und -zweck manches Insekts oder Mikroorganismus zunächst zumindest sehr rätselhaft.

Und doch hat im Kreislauf der Natur ausnahmslos jeder Organismus wichtige Aufgaben inne. Viren beispielsweise sind raffiniert genug, um sich ins Erbgut zahlreicher Organismen einzuschleusen (auch die menschliche DNS steckt voller Virusbruchstücke!) und haben dadurch bis heute entscheidenden Einfluss auf die Evolution; auch bei der Entwicklung neuer Pflanzensorten, ob spontan oder gezielt gezüchtet, spielen sie eine wichtige Rolle.

Oder das Beispiel Mehltau: Der uns eher unappetitlich erscheinende weißlich-graue Pilzrasen ist für einige Marienkäferarten nicht weniger als ein angenehm nahrhaftes Pilzgericht, auf das sie dringend angewiesen sind.

Verständnis statt Frust

Wer sich all diese Punkte vor Augen hält, hat dadurch zwar immer noch eine strapazierte Pflanze im Garten stehen oder einen Salatkopf weniger auf dem Gemüsebeet, aber vielleicht etwas weniger Wut im Bauch – oder gar ein kleines bisschen Verständnis für die Schnecke, die gerade mühsam über den Kiesweg gekrochen kommt.

Pflanzenschutz – was ist das eigentlich?

Pflanzenschutz wird seit den Anfängen der Landwirtschaft betrieben. In der Jungsteinzeit wurden die Menschen allmählich sesshaft und entwickelten sich von Jägern und Sammlern zu Bauern und Viehzüchtern. Kein leichter Job, denn obgleich es sich natürlich um recht überschaubare Flächen handelte, dürften Getreidearten wie Einkorn und Emmer sowie Hülsenfrüchte wie Erbsen und Linsen auch zahlreichen Tieren den Mund wässrig gemacht haben. Die erste anhand archäologischer Funde nachweisbare Pflanzenschutzmaßnahme war daher ein mechanischer Schutz: Einfache Gatter und Zäune hielten gefräßige Haus- und Wildtiere auf Abstand. Auch Unkrautjäten stand im Neolithikum bereits auf der Tagesordnung – und dürfte angesichts der rudimentären Hacken noch deutlich unbeliebter gewesen sein als heutzutage. Zu den bereits in der Jungsteinzeit bewährten und bis heute brandaktuellen Maßnahmen zählt aber auch die Züchtung geeigneter Sorten. Zugegeben, zunächst standen hier vermutlich Kriterien wie Ertrag und Geschmack an erster Stelle; aber wenn die Ernte beispielsweise nach einem Pilzbefall bis auf wenige Exemplare vernichtet war, bildeten die verbliebenen, offensichtlich widerstandskräftigeren Pflanzen automatisch das Ausgangsmaterial für die nächste Getreide- oder Gemüsegeneration.

Im Vergleich mit Pflanzenstärkungsmitteln sind chemische Pflanzenschutzmittel noch relativ jung.

Ob in dieser Zeit auch schon die ersten Kräuterauszüge, -brühen und -jauchen zum Einsatz kamen, darüber lässt sich nur spekulieren. Fakt ist jedoch, dass die Menschen Kräuter bereits gezielt sammelten und sie verzehrten oder zu Heilzwecken verwendeten.

Von wegen nur Chemie

Der Pflanzenschutz umfasst ein ganzes Bündel unterschiedlicher Maßnahmen, der chemische Pflanzenschutz ist davon nur eine – und zwar eine der jüngsten. Als erstes vermarktetes Pflanzenschutzmittel gilt ein 1892 auf den Markt gebrachtes Insektizid – es dürfte aber längst nicht die erste wirksame Substanz gewesen sein, legt man die gesetzlichen Definitionen zugrunde. Denen zufolge zählt nämlich auch Salz gegen Schnecken oder Nikotinbrühe gegen Blattläuse zu den Pflanzenschutzmitteln.

Pflanzenschutzmittel

Zusammenfassend gesagt sind Pflanzenschutzmittel Substanzen, die dazu geeignet sind, pflanzenschädigende Lebewesen zu töten, zu vertreiben oder in Keimung, Wachstum oder Vermehrung zu hemmen. Da das keine Kleinigkeit ist, werden im Rahmen des gesetzlichen Zulassungsverfahrens (siehe S. 14) und gestützt auf wissenschaftliche Studien Wirksamkeit und Nutzen eines Produkts in unterschiedlichen Szenarien gegen mögliche Gefahren abgewogen. Nur offiziell zugelassene Pflanzenschutzmittel dürfen auch angewendet werden. Der Einsatz aller übrigen Substanzen, die dazu geeignet sind, andere Organismen zu schädigen, ist gesetzlich verboten – dass darunter auch viele »Hausmittel« wie Salz oder Nikotinbrühe fallen, hat gute Gründe.

Stärkungsmittel

Im Gegensatz zu Pflanzenschutzmitteln dürfen sogenannte Pflanzenstärkungsmittel wie Knoblauchsud oder Brennnesselauszüge ganz offiziell selbst hergestellt werden. Pflanzenstärkungsmittel sind laut Gesetzestext Stoffe und Gemische einschließlich Mikroorganismen, die ausschließlich dazu bestimmt sind, allgemein der Gesunderhaltung der Pflanzen zu dienen oder Pflanzen vor nichtparasitären Beeinträchtigungen zu schützen. Sie dürfen – das ist der entscheidende Unterschied zu Pflanzenschutzmitteln – keine schädlichen Wirkungen auf Menschen, Tiere oder das Grundwasser und auch keine sonstigen nicht vertretbaren Auswirkungen auf den Naturhaushalt haben. Im Gegensatz zu Pflanzenschutzmitteln besteht der Gesetzgeber nicht auf wissenschaftlichen Studien, die den Nutzen von Pflanzenstärkungsmitteln belegen.

Wirksamkeit wissenschaftlich bestätigt

Regelmäßig gespritzt sollen, Pflanzenstärkungsmittel die Pflanzen anregen, ein besonders festes Gewebe und/oder Abwehrstoffe zu bilden, dank deren sich Pilzsporen nur schwer ansiedeln können und Schadinsekten sich lieber nach anderen Pflanzen umsehen. Wissenschaftlich belegt ist die vorbeugende Wirkung von Schachtelhalmextrakt gegen Echten und Falschen Mehltau, Sternrußtau und die Dürrfleckenkrankheit an Tomaten und Kartoffeln. Nach Befallsbeginn gespritzt, wird oft zumindest die weitere Ausbreitung verhindert. In Versuchen mit Kartoffeln konnte zudem ein deutlich geringerer Befall mit Kraut- und Knollenfäule beobachtet werden. Ebenfalls belegt ist die Wirksamkeit von Lebermoosextrakten. Regelmäßig gespritzt, beugen sie Echtem Mehltau, Grauschimmel, *Phytophthora* und der Dürrfleckenkrankheit vor – und wirken abschreckend auf Schnecken. Empfehlenswert sind auch Pflanzenauszüge und -brühen, die aufgrund ihrer Inhaltsstoffe eine abschreckende Wirkung haben. Dazu zählen Knoblauch (50 g zerquetschte Zehen je Liter kochendes Wasser, Ziehzeit 30 Min.), Brennnessel (100 g frisches Kraut je Liter kaltes Wasser, Ziehzeit 12–24 h) und Rainfarn (30 g frisches Kraut je Liter kaltes Wasser, Ziehzeit 12–24 h). Sie werden nach der Ziehzeit durch ein Sieb abgeseiht und auf die zu behandelnden Pflanzen gespritzt.

Chemische Pflanzenschutzmittel – nützlich, gefährlich oder beides?

Ein kleiner Exkurs in die Humanmedizin: Die meisten Menschen wissen, dass Antibiotika eine Notfallmaßnahme darstellen – und wie wichtig es ist, sie genau nach den ärztlichen Vorgaben einzunehmen. Ebenso taugen Antibiotika weder, um Bewegungsmangel auszugleichen, noch, um einen verstauchten Fuß zu behandeln. Grob zusammengefasst könnte man also sagen: Antibiotika und andere Medikamente sind hilfreich, wenn sie passend zur Krankheit verordnet werden und wenn man sie weder unter- noch überdosiert, weder zu früh noch zu spät absetzt, sondern sie gemäß der Packungsanleitung anwendet. Das senkt auch das Risiko für Nebenwirkungen. Einige Wirkstoffe dürfen zum Beispiel nicht in Kombination mit bestimmten anderen Wirkstoffen genommen werden, weil das zu Komplikationen führen kann. Andere Medikamente sind für bestimmte Nutzergruppen nicht geeignet, etwa für Schwangere oder Kleinkinder. Und viele Medikamente bekämpfen nur die Symptome, aber nicht die Ursachen – wer etwa aufgrund von Flüssigkeitsmangel Kopfschmerzen bekommt, sollte lieber mehr trinken, anstatt täglich Tabletten zu schlucken. Sind Medikamente nützlich oder gefährlich? Die Antwort hängt wesentlich von der richtigen Anwendung ab. Dasselbe gilt für Pflanzenschutzmittel.

Bewertung

Grundsätzlich werden Pflanzenschutzmittel nur für bestimmte Anwendungen zugelassen. Unter einer Anwendung versteht man die Kombination aus einem bestimmten Schaderreger und einer bestimmten Kulturpflanze, also zum Beispiel »Blattläuse an Rosen«. Die Kombination »Blattläuse an Salat« ist eine andere Anwendung, ebenso die Kombination »Echter Mehltau an Rosen«. Für jede einzelne Anwendung wägen die zuständigen Bewertungsbehörden Nutzen und Risiken des Pflanzenschutzmittels ab. Warum so viele Details? Ist ein Wirkstoff beispielsweise gefährlich für Bienen, so steigt das Risiko für die Bienen, wenn das Mittel auf blühende Rosen gesprüht wird, denn die Bienen besuchen ja die Blüten. Auf Salat hingegen könnten die Behörden das Nutzen-Risiko-Verhältnis anders einstufen, denn der wird in der Regel geerntet, bevor er blüht. Oder sie könnten festlegen: Ja, das Mittel darf auf Rosen angewendet werden – aber nur außerhalb der Blütezeit. Das sind natürlich nur einige wenige von vielen Punkten, die im Rahmen eines Zulassungsverfahrens untersucht werden. Grundsätzlich nehmen die Bewertungsbehörden die Risiken für die Bereiche Gesundheit und Umwelt unter die Lupe sowie die Wirksamkeit des Pflanzenschutzmittels.

Geprüft wird übrigens nicht nur jeder Wirkstoff, sondern jedes einzelne Produkt, für das ein Unternehmen die Zulassung beantragt. Der Grund: Die zum Verkauf angebotenen Produkte beinhalten sehr oft mehrere Wirkstoffe und/ oder sogenannte Formulierungsstoffe, die beispielsweise die Regenfestigkeit oder andere Anwendungseigenschaften des Mittels verbessern sollen. Solche Mischungen haben oft deutlich schlechtere Umwelteigenschaften als die reinen Wirkstoffe.

Gesundheitsauswirkungen

Dabei geht es sowohl um Gefahren, die durch den Kontakt beim Ausbringen eines Mittels entstehen können, als auch um mögliche Rückstände in Obst oder Gemüse. Um die Risiken hier möglichst klein zu halten, werden beispielsweise Sicherheitsmaßnahmen beim Umgang mit dem jeweiligen Pflanzenschutzmittel festgelegt. Das kann zum Beispiel bedeuten, dass der Anwender beim Ausbringen des Mittels Handschuhe oder einen Atemschutz tragen muss oder dass eine behandelte Fläche einige Tage nicht betreten werden darf. Berücksichtigt werden alle, die mit Pflanzenschutzmitteln in Kontakt kommen können, von Kindern, die nach der Behandlung auf einem Rasen spielen könnten, bis zu Nachbarn oder Spaziergängern.

Um die Rückstandsgrenzen in Lebensmitteln zu berechnen, werden in Laboruntersuchungen zunächst die Gehalte ermittelt, bis zu denen keine negativen gesundheitlichen Effekte auftreten. Sicherheitshalber werden dabei zwei Szenarien berücksichtigt: eine lebenslange Aufnahme normaler Mengen und ein extrem hoher einmaliger Verzehr. Die dabei ermittelten Gehalte werden in der Regel noch mit einem zusätzlichen Sicherheitsfaktor von 100 versehen. Dank dieses Sicherheitsabstands sind bei geringfügigen Überschreitungen der Grenzwerte noch keine negativen Auswirkungen auf die Gesundheit zu befürchten.

Umweltauswirkungen

Nachteilige Auswirkungen auf die Umwelt – und die gibt es immer – werden akzeptiert, wenn sie in Abwägung zum Nutzen des Pflanzenschutzmittels als vertretbar eingestuft werden. So könnten es die Behörden zum Beispiel als akzeptabel erachten, wenn ein Produkt zwar anwesende Nützlinge tötet, aber absehbar ist, dass sich die Bestände der Nützlingsart rasch wieder erholen können und somit keine langfristige Gefährdung der Artenvielfalt besteht. Ob die Einschätzung der Realität standhält, hängt jedoch auch von der exakten Beachtung der Gebrauchsanweisung ab. Die Konsequenzen, die sich aus Fehlanwendungen ergeben können, sind unter Umständen jedoch noch deutlich gravierender, etwa wenn das Grundwasser gefährdet wird und damit das Wohl von Menschen, Tieren und Pflanzen.

Über die Nebenwirkungen und Risiken von Pflanzenschutzmitteln entscheidet auch die richtige Anwendung.

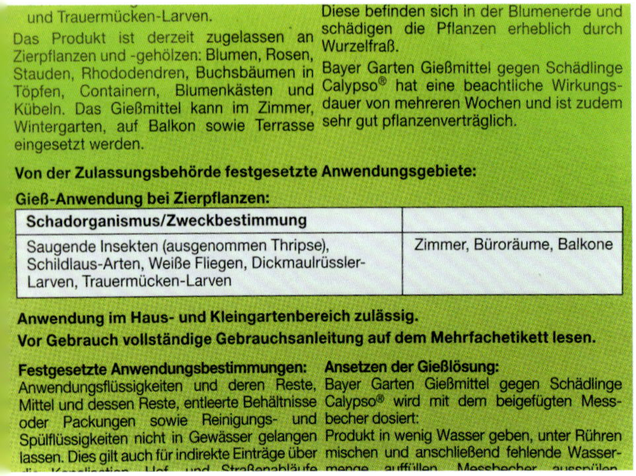

Nur im Haus und auf dem Balkon anwenden? Kein Blödsinn, denn dort halten sich weniger Nützlinge auf.

Ein Restrisiko bleibt immer

Auch wenn Pflanzenschutzmittel vor ihrer Zulassung sorgfältig geprüft werden: Ein Restrisiko kann nie hundertprozentig ausgeschlossen werden. Es ist schlicht unmöglich, beispielsweise alle auf dem Markt existierenden Pflanzenschutzmittel auf Kombinationseffekte hin zu untersuchen. Auch können neue wissenschaftliche Erkenntnisse zu einer Neubewertung von Produkten führen – weshalb auch immer wieder Genehmigungen nicht verlängert oder widerrufen werden, die Produkte also vom Markt verschwinden.

Die richtige Anwendung

Wurde ein Pflanzenschutzmittel zugelassen, bedeutet das aus Behördensicht: Die immer vorhandenen negativen Auswirkungen auf die Umwelt sind vertretbar – vorausgesetzt, es werden alle Punkte der Gebrauchsanleitung eingehalten! An diesem Punkt müssen die meisten vermutlich erst einmal schlucken, denn die Lesehäufigkeit dieser Gebrauchsanleitungen dürfte noch deutlich unter der von Handyverträgen liegen. Hier eine kleine Übersicht der häufigsten Fehlanwendungen:

Diagnosefehler

Ein Schadsymptom wurde nicht richtig erkannt, deshalb kommt ein ungeeignetes Mittel zum Einsatz – das in der Folge nicht hilft, aber die Pflanze und die Umwelt schädigen kann. Daher gilt: Bei Unsicherheiten Fachleute zurate ziehen. Nutzen Sie beispielsweise die Angebote zahlreicher Pflanzenschutzämter (siehe Anhang). Sie beraten neutraler als die Verkäufer an der Pflanzenschutzmitteltheke in Baumärkten und in Gartencentern. Wo Pflanzenschutzmittel verkauft werden, besteht zwar eine gesetzliche Beratungspflicht, aber auch eine Verkaufsanweisung an das Personal …

Anwendung in nicht zugelassenen Kulturen

Wie beschrieben, werden die von einem Produkt ausgehenden Risiken für jede Schaderreger-Pflanzen-Kombination einzeln vorgenommen. Das bedeutet: Die Risiko-Nutzen-Abwägung wurde ausschließlich für die auf der Packung angegebenen Pflanzen als vertretbar befunden. Ein einfaches Beispiel: Einige Mittel gefährden zahlreiche Nützlinge, sind aber für Zimmerpflanzen zugelassen – einfach weil sich in der Regel kaum Nützlinge ins Zimmer verirren. Im Freien jedoch würden sie ungleich größere Schäden anrichten. Außerdem dürfen nur Produkte verwendet werden, die mit »Anwendung im Haus- und Kleingarten zulässig« gekennzeichnet sind. Der Grund: Mittel für professionelle Anbauer erfordern deutlich aufwendigere Schutzmaßnahmen und entsprechende Kontrollen. Beides kann im Hobbybereich nicht gewährleistet werden.

Falsche Dosierung

Viel hilft viel? Nein! Wer ein Mittel zu hoch dosiert, riskiert Schäden an den zu behandelnden Pflanzen sowie an Umwelt und Gesundheit. Doch auch reduzieren sollte man die angegebenen Dosierungen nicht, denn dann kann das Mittel an Wirksamkeit einbüßen.

Anwendung bei ungünstigen Witterungsbedingungen

Ein Regenguss spült Spritzmittel von den Pflanzen und die Anwendung muss wiederholt werden. Wind kann den Sprühnebel auf andere Pflanzen, Tiere oder in offene Gewässer verwehen. Hohe Temperaturen und UV-Licht reduzieren die Wirksamkeit vieler Mittel und/oder können in Verbindung mit der Spritzbrühe zu Pflanzenschäden führen. Tipp: In den frühen Morgen- oder Abendstunden ist es meist windstill, die Sonneneinstrahlung ist nicht zu stark und die Temperatur nicht zu hoch.

Falscher Umgang mit Restmengen, Reinigungsflüssigkeit und Verpackungen

Restmengen vom Spritzen oder das Spülwasser vom Reinigen des Pumpbehälters dürfen nicht über Spüle, Toilette, Gully oder andere Abflüsse entsorgt werden, schließlich geht es um unser Trinkwasser! Daher Restmengen von vornherein vermeiden und genau berechnen, wie viel Spritzflüssigkeit benötigt wird. Dennoch anfallende Reste sowie Spülwasser sollte man im Verhältnis 1:10 verdünnen und auf den zuvor behandelten Flächen verteilen. Eine unkomplizierte Alternative sind anwendungsfertige Präparate wie Sprühdosen oder Pumpsprays.

Nicht mehr benötigte und nicht mehr zugelassene Pflanzenschutzmittel müssen bei einer Sammelstelle für Sondermüll abgegeben werden. Nur vollständig entleerte Packungen dürfen in den Hausmüll oder in die Wertstoffsammlung.

Hobby statt Existenzkampf

Missernten bedeuteten jahrtausendelang unermessliches Leid (und bedeuten es mancherorts bis heute). Vor diesem Hintergrund ist nur zu verständlich, weshalb die Menschen seit je nach Wegen suchten, um ihre Pflanzen gegen drohende Unbill zu verteidigen. Aber wohlgemerkt: Es ging dabei die allermeiste Zeit um den Erhalt der Lebensgrundlage! Ein Ernteausfall im Freizeitgarten ist zwar ausgesprochen ärgerlich, aber nicht mal annähernd existenzbedrohend. Ein Blick auf diese Verhältnismäßigkeiten erdet.

Viele Probleme, insbesondere im Ziergarten, sind zudem nur optischer Natur. Blattläuse an Ziergehölzen etwa bringen die wenigsten Bäume und Sträucher in echte Bedrängnis – und werden weniger, sobald sich genügend Fressfeinde eingefunden haben. Abwarten und Tee trinken, ist daher gerade für die ohnehin selten still sitzende Gärtnerschaft nicht das schlechteste Rezept.

Umweltschonende Wirkstoffe – gibt es die wirklich?

Ganz klar, aus Umweltsicht stellt jedes chemische Pflanzenschutzmittel eine Belastung dar und vieles spricht gegen den Einsatz von Chemie im Garten.

- Viele Menschen bauen gerade deshalb Obst und Gemüse selbst an, weil sie garantiert unbehandelte Früchte ernten möchten.
- In Deutschland gibt es etwa 20 Millionen Hausgärten und eine Million Kleingärten. Auch wenn die weitaus größeren Mengen aus dem Erwerbsgartenbau und der Landwirtschaft stammen: Die im Hobbybereich ausgebrachten Mengen summieren sich.

Produkte auf Rapsölbasis töten Blattläuse und viele andere Schädlinge auf rein mechanische Weise.

- Pflanzenschutzmitteln wird zwar mit ihrer Zulassung bescheinigt, dass sich die Nebenwirkungen in einem von den Behörden als vertretbar angesehenen Rahmen bewegen. Dies gilt aber nur, wenn die Anwender sich exakt an die Gebrauchsanleitung halten. Fehlanwendungen sind jedoch im Hobbybereich leider eher die Regel als die Ausnahme.
- Die möglichen Folgen von Fehlanwendungen sind vielfältig: Es können sowohl zahlenmäßig mehr Nützlinge getötet werden als auch mehr Nützlingsarten betroffen sein. Einige Wirkstoffe können sich auch im Boden anreichern und in nachfolgend angebaute Pflanzen gelangen. Manche Wirkstoffe können sich in der Nahrungskette ansammeln, wenn kontaminierte Insekten oder Pflanzenteile von Vögeln, Igeln oder anderen Tieren gefressen werden. Durch Wind kann der Sprühnebel unkontrolliert auf andere Pflanzen und Lebewesen gelangen. Pflanzenschutzmittel können in Oberflächengewässer oder gar ins Grundwasser gelangen – durch Versickern, durch Abschwemmungen in Hanglagen oder von befestigten Flächen oder indem überschüssige Mengen verdunsten.
- Ein Restrisiko für Umwelt- und Gesundheitsschäden bleibt selbst bei korrekter Anwendung immer. Nicht umsonst mussten zahlreiche Pflanzenschutzmittel wieder vom Markt genommen werden: Manche Gesundheits- und/oder Umweltauswirkungen zeigen sich mitunter erst nach Jahren. Einige nicht mehr

zugelassene schwer abbaubare Wirkstoffe wie das 1991 verbotene Herbizid Atrazin können bis heute in Boden-, Grundwasser- und sogar Trinkwasserproben nachgewiesen werden.
- Chemische Pflanzenschutzmittel können zwar kurzfristig Symptome beseitigen, sie bekämpfen aber nicht die Ursachen für einen Befall oder eine Infektion. Moos im Rasen beispielsweise wird auch mit wiederholtem Einsatz von Moosvernichter immer wiederkehren, solange die Wachstumsbedingungen für die Rasengräser suboptimal sind. Blattläuse werden immer wieder in großer Zahl über Pflanzen herfallen, die am falschen Standort wachsen und/oder zu stark gedüngt wurden und entsprechend weniger robust sind. Rosen werden von Pilzerkrankungen heimgesucht, wenn sie zu eng gepflanzt wurden oder zu wenig Sonne abbekommen.

Wer sich also Stress und die regelmäßigen Ausgaben für Pflanzenschutzmittel sparen möchte, muss die Ursachen der Probleme angehen: Vorbeugende Maßnahmen wie widerstandsfähige Sorten, der richtige Standort, bedarfsgerechtes Düngen und je nach Schaderreger auch mechanische Abwehrmaßnahmen sorgen dafür, dass Probleme gar nicht erst auftreten oder sich mittelfristig in Wohlgefallen auflösen.

Relativ umweltverträgliche Notfallhilfen

Immer mehr Freizeitgärtnerinnen und Freizeitgärtner starten mit dem festen Vorsatz, ohne Pflanzenschutzmittel auszukommen. Dennoch finden sich viele irgendwann einmal in einer Situation wieder, in der sie einfach nur kurzfristige Abhilfe für ein Problem suchen (auch wenn sie anschließend hoffentlich wieder auf vorbeugende Maßnahmen setzen). Wer einen solchen Notfall für sich definiert hat, sollte dann zumindest das »kleinste Übel« wählen. Es gibt nämlich tatsächlich einige Wirkstoffe, die effektiv wirken, aber deutlich positivere Umwelteigenschaften

Kein Pflanzenschutzmittel ist frei von Nebenwirkungen, einige schonen jedoch mehr Nützlinge als andere.

TIPP

Noch deutlich schonender lassen sich viele Probleme mit Mitteln des biologischen Pflanzenschutzes lösen. Wer wissen möchte, wie man beispielsweise Blattläuse, Weiße Fliegen, Apfelwickler und viele andere Schädlinge durch den gezielten Einsatz von Nützlingen, Viren oder Bakterien bekämpfen kann, findet ab S. 66 detaillierte Informationen.

WICHTIG

Chemisch vs. biologisch?

Der Begriff »chemische Pflanzenschutzmittel« ist natürlich genau genommen Humbug, denn chemische Prozesse laufen beispielsweise auch ab, wenn von Pflanzen oder Bakterien produzierte Giftstoffe auf einen Schaderreger einwirken. Der Einfachheit halber, da sich jeder etwas darunter vorstellen kann, wird der Begriff hier als Gegenstück zum »biologischen Pflanzenschutz« beibehalten.

haben als die meisten anderen Pflanzenschutzmittel. Diese Wirkstoffe tauchen im Buch immer wieder als »Notfallhilfe« auf und werden hier deshalb etwas ausführlicher vorgestellt.

Wer sich dafür entschieden hat, Schneckenkorn einzusetzen, sollte ein Produkt mit Eisen-III-Phosphat wählen.

Wichtig: Wählen Sie sogenannte Monoformulierungen aus, also Produkte, die keine weiteren Wirkstoffe außer einem der empfohlenen enthalten. Wirkstoffgemische schneiden in den Umwelt- und/oder Gesundheitsprüfungen nämlich regelmäßig deutlich schlechter ab. Welche Wirkstoffe in einem Produkt enthalten sind, steht in der Regel gut sichtbar auf der Verpackung oder aber in der Gebrauchsanweisung.

Schwefel

Schwefel ist ein Pflanzennährstoff – und ein wirksames Fungizid, also ein Anti-Pilzmittel. Auch der in Fungiziden enthaltene Anteil wird im Boden in pflanzenverfügbare Formen umgebaut. Dass auch Schwefel nicht uneingeschränkt empfehlenswert ist, liegt an dem Umwandlungsprodukt Schwefeldioxid, das sich nach dem Ausbringen bildet und insbesondere für die nützlichen Schlupfwespen und Raubmilben giftig ist. Insgesamt ist Schwefel anderen Fungiziden dennoch allemal vorzuziehen. Aus gärtnerischer Sicht gut zu wissen: Durch den Schwefel kann sich der pH-Wert des Bodens in den sauren Bereich verschieben – perfekt für Rhododendron und Blaubeeren, aber ungünstig für viele anderen Gartenpflanzen. Durch gezieltes Kalken können Sie gegensteuern. Schwefelhaltige Fungizide am besten in den kühleren Morgen- oder Abendstunden ausbringen, da bei hohen Temperaturen Verbrennungen entstehen können. Bei Obst kann Schwefel einen rostähnlichen Belag verursachen, der gesundheitlich jedoch völlig unbedenklich ist.
Hilft gegen: Echten Mehltau, Amerikanischen Stachelbeermehltau und das durch den Pilz *Volutella buxi* hervorgerufene Zweigsterben an Buchsbaum (auch Buchsbaumkrebs genannt).

Eisen-III-Phosphat

In Granulatform angebotene Fraßköder (»Schneckenkorn«) mit Eisen-III-Phosphat bewirken einen raschen Fraßstopp und sind für andere Organismen ungiftig (nach heutigem Stand der Forschung). Allerdings sterben alle Schnecken, die von dem Köder fressen, es können also auch nichtschädigende und geschützte Arten betroffen sein. Eisen-III-Phosphat ist in zahlreichen Lebensmitteln enthalten und kommt bereits natürlicherweise im Boden vor. In der Erde wird es von Mikroorganismen in die Pflanzennährstoffe Eisen und Phosphat zerlegt.
Hilft gegen: Schnecken

Eisen-II-Sulfat

Moosvernichter sind Augenwischerei, denn das Moos kommt immer wieder, solange sich die Rasengräser beispielsweise aufgrund von Bodenverdichtungen nicht optimal entwickeln. Wer dennoch nicht darauf verzichten möchte, sollte den Wirkstoff Eisen-II-Sulfat wählen. Er ist deutlich weniger giftig für Wasserpflanzen und Fischnährtiere und gliedert sich als natürlicher Bestandteil in den Boden ein. Gut zu wissen: Das im Wirkstoff enthaltene Eisen wirkt auch als Mikronährstoff. Diesen Umstand nutzen viele Hersteller und bringen ihre Produkte als Düngemittel statt als Pflanzenschutzmittel auf den Markt – das ist billiger und klingt harmloser. Wer bewusst auf Moosvernichter verzichten möchte, muss daher genau auf die Verpackung gucken. Übrigens: Abgetötetes Moos muss nicht als Sondermüll entsorgt werden, wie in Medienberichten fälschlicherweise verbreitet wurde, sondern kann kompostiert oder in die Biotonne gegeben werden.
Hilft gegen: Moos

Essigsäure, Pelargonsäure, Maleinsäurehydrazid

Sie sind ebenso wie das hoch umstrittene Glyphosat Breitbandherbizide, schnell wirksam gegen einjährige Unkräuter (Wirkung innerhalb von 12 h), aber beispielsweise weniger giftig für viele Nützlingsarten und Fischnährtiere. Wurzelunkräuter können jedoch wieder austreiben. Achtung, Breitbandherbizide unterscheiden nicht zwischen »guten« und »schlechten« Pflanzen, bei Kontakt gehen auch Kulturpflanzen ein – weshalb normales Unkrautjäten in der Regel nicht nur preiswerter, sondern auch schneller ist. Wichtig: Das Ausbringen von Herbiziden auf Einfahrten, Bürgersteigen, Terrassen und anderen befestigten Flächen ist verboten und wird mit Geldstrafen bis zu 50.000 Euro bestraft!
Hilft gegen: Unkraut

Rapsöl

Rapsöl verklebt die Atemöffnungen der mit der Spritzbrühe benetzten Insekten und lässt sie ersticken – das ist nicht schön, aber immer noch wesentlich umweltverträglicher als die meisten anderen Insektizide. Auf nützliche Florfliegen der Art *Chrysoperla carnea* kann Rapsöl schädigend wirken, während beispielsweise Marienkäfer eine Öldusche dank ihrer glatten, harten Flügel und der gut geschützten Tracheen recht gut überstehen. Für die Behandlung einen bedeckten Tag wählen, da die Öltröpfchen wie eine Linse wirken und Sonnenbrand an den Pflanzen verursachen können. Nicht vergessen: Auch die Blattunterseiten benetzen.
Hinweis: Das Pflanzenschutzgesetz verbietet es, selbst Pflanzenschutzmittel herzustellen, weshalb das Anrühren eigener Ölmischungen tabu ist. Kleiner Trost: Im Handel erhältliche

Produkte auf Rapsölbasis verteilen sich aufgrund ihrer Zusammensetzung besser und lösen sich schneller auf. Davon profitieren letztlich auch die Pflanzen, die dadurch nicht unter einer zu dicken Ölschicht leiden oder Verbrennungen bekommen, falls am Tag nach der Behandlung die Sonne scheint.
Hilft gegen: saugende Insekten wie Blattläuse, Weiße Fliege, Thripse, Gallmücken, Spinnmilben, Obstbaumspinnmilben, Gallmilben.

Kali-Seife

Die in Kali-Seife enthaltenen Kaliumsalze trocknen weichhäutige Insekten aus und beschädigen zudem ihre Atmungsorgane. Aus Umweltsicht sind sie empfehlenswert, da sie die in der Regel »dickhäutigeren« Nützlinge schonen und nach dem Antrocknen der Spritzbrühe ihre Wirkung verlieren, also keine unerwünschte Langzeitwirkung haben. Zum Spritzen eignen sich die Morgen- oder Abendstunden am besten, damit der Spritzfilm nicht zu schnell abtrocknet. Auch hier gilt: An die Blattunterseiten denken! Im Gegensatz zu Rapsölpräparaten tötet Kali-Seife nicht die Eier der Schädlinge ab, allerdings vertragen insbesondere weichlaubige Pflanzen Kali-Seife oft besser.
Hinweis: Das Pflanzenschutzgesetz verbietet es, selbst Pflanzenschutzmittel herzustellen, weshalb das Anrühren eigener Seifenmischungen tabu ist. Experimente mit haushaltsüblichen Schmierseifen oder mit Spülmittel sind aber ohnehin nicht empfehlenswert, da sie oft gar keine Kali-Seife enthalten und/oder durch Zusätze eher schädigend als hilfreich wirken.
Hilft gegen: saugende Insekten wie Blattläuse, Weiße Fliege, Thripse, Gallmücken, Spinnmilben, Obstbaumspinnmilben, Gallmilben.

Azadirachtin

Der Wirkstoff Azadirachtin wird aus den Samen des Neembaums *(Melia azadirachta)* gewonnen. Er verdirbt den Schaderregern den Appetit und greift in ihren Entwicklungszyklus ein. Azadirachtin schädigt kurzfristig leider auch Schwebfliegen und einige andere wertvolle Blattlausvertilger. Da er sich jedoch rasch abbaut, können sich die Populationen relativ schnell erholen, weshalb er ebenfalls als recht umweltschonend angesehen werden kann.
Hilft gegen: saugende, beißende und blattminierende Insekten. Andere »Notfallhilfen« möglichst bevorzugen. Sinnvoll kann Azadirachtin gegen Thripse in Gemüsekulturen und an Zierpflanzen sein.
Achtung: Die Zulassung gilt nicht für Obst- und Nadelgehölze. Manche Rosensorten neigen zu Knospenfall nach einer Behandlung, daher sollen Sie bei bei diesen Blütensträuchern eine Spritzprobe an einem kleinen Teil der Pflanzen vornehmen, bevor alle behandelt werden.

Grenzfall Pyrethrum

Pyrethrum kommt natürlicherweise in den Blüten einiger Arten der Gattung *Tanacetum* vor. Entsprechende Hinweise finden sich auf den Packungen vieler entsprechender Pflanzenschutzmittel, wohl auch, weil der Wirkstoff dadurch gleich viel harmloser klingt. Zwischen den Blüten und den Pflanzenschutzmitteln gibt es jedoch einen entscheidenden Unterschied: Pyrethrum ist ein Kontaktgift, mit dem sich die Pflanzen gegen Schädlinge verteidigen. In der Natur kommen tatsächlich nur die Organismen mit dem Gift in Berührung, die an der Pflanze saugen oder knabbern. Mit versprühten Pflanzenschutzmitteln verhält es sich gänzlich

WICHTIG

Ungefährliche Naturstoffe?

Immer wieder stößt man bei Pflanzenschutzmitteln auf wohlklingende Schlagworte wie »bienenfreundlich« oder »mit Wirkstoffen aus der Natur«, vielleicht noch kombiniert mit einem niedlichen Bienchenaufkleber. Im Gegensatz zum gesetzlich definierten Begriff »bienengefährlich« ist der Begriff »bienenfreundlich« frei interpretiert. Außerdem kann selbst ein Produkt, das als nicht bienengefährlich eingestuft wurde, immer noch Auswirkungen auf zahlreiche andere Nützlinge haben – sowie bei bestimmten Fehlanwendungen letztlich doch noch Bienen schädigen. Auch Formulierungen wie »mit natürlichen Wirkstoffen« führen Verbraucher in die Irre, denn sie vermitteln das Gefühl, es mit einem umweltfreundlichen Produkt zu tun zu haben. Wirklich umweltfreundliche Wirkstoffe gibt es aber, wie schon festgestellt, nicht, sie alle haben Nebenwirkungen – und nur weil ein Wirkstoff in der Natur vorkommt, ist er deshalb nicht per se harmlos. Erst recht nicht, wenn er, wie es häufig der Fall ist, mit deutlich umweltschädlicheren Wirkstoffen kombiniert wird.

anders, denn die Wirkstoffe treffen und töten auch zahlreiche Nützlinge. Zwar sind natürliche Pyrethrine im ökologischen Landbau zugelassen, da sie zumindest einen großen Vorteil haben, sie wirken nämlich nur so lange, bis sie abgetrocknet sind. Im Hobbygarten, wo keine Existenzen auf dem Spiel stehen, sollte man jedoch nützlingsfreundlicheren Wirkstoffen den Vorzug geben. Im Handel ist es für Laien zudem nicht leicht, die Übersicht zu behalten, denn es sind auch Insektizide und Biozide (z. B. Anti-Ameisenmittel) erhältlich, denen neben natürlichen Pyrethrinen Wirkstoffe mit deutlich negativeren Umweltauswirkungen zugemischt wurden. Oder Produkte, die sogenannte Pyrethroide enthalten, im Labor nachgebaute Varianten der Pyrethrine, die aus Umweltsicht ebenfalls nicht empfehlenswert sind. Hier ist ein genauer Blick auf die Inhaltsstoffe notwendig.

Rettungskette beachten

Bitte nicht vergessen: Die Regeln für die Anwendung von Pflanzenschutzmitteln gelten auch für Wirkstoffe mit verhältnismäßig geringen Umweltauswirkungen. Sehen Sie sich die zu behandelnde Pflanze daher genau an: Sind typische Schadsymptome zu erkennen, die unzweifelhaft auf eine bestimmte Erkrankung oder einen bestimmten Schaderreger hinweisen? Falls Sie unsicher sind, ziehen Sie Fachleute zurate, etwa von einer Gärtnerei oder einem Pflanzenschutzdienst (siehe Anhang). Befolgen Sie die Packungsanleitung in allen Punkten und wenden Sie das Mittel nur in den dafür zugelassenen Kulturen an. Bei nach Gebrauchsanweisung anzurührenden Spritzbrühen vorher die benötigte Aufwandsmenge berechnen, um Restmengen zu vermeiden. Entsorgen Sie Restmengen und Verpackungen vorschriftsgemäß (siehe S. 17).

Hausmittel – eine umweltfreundliche Alternative?

Schon das Wort klingt angenehm wohltuend. Aber Achtung, während man mit Rettichsirup gegen Heiserkeit oder Buttermilch für schöne Haut wenig Unheil anrichten kann, sieht es insbesondere beim Pflanzenschutz ganz anders aus. Viele vermeintlich harmlose Hausmittel haben es nämlich ganz schön in sich. Kaffee- und Chilibrühe beispielsweise töten nicht nur Schnecken, sondern können auch Nützlinge in Mitleidenschaft ziehen – und schädigen ganz nebenbei oft auch die behandelten Pflanzen. Salz zur Schneckenbekämpfung ist schon aus gärtnerischer Sicht wenig sinnvoll: Es kann Pflanzenwurzeln schädigen, Verdichtungen und Verkrustungen im Boden verursachen und dazu führen, dass sich statt Gemüsepflanzen auf einmal salzliebende Pflanzenarten im Beet wohlfühlen. Landet es versehentlich auf Blättern, können zudem Verbrennungen die Folge sein. Im schlimmsten Fall gefährden Hausmittel sogar Menschen. Beim Kochen größerer Chilimengen beispielsweise kann ein stark reizendes Gas entstehen. Und die früher gern zur Schädlingsbekämpfung angemischte Nikotinbrühe kann zu lebensbedrohlichen Vergiftungen führen, zumal das in der Lösung hoch konzentrierte Nikotin auch über die Haut aufgenommen wird. Vor diesem Hintergrund leuchtet es ein, dass das Pflanzenschutzgesetz es ausdrücklich verbietet, Pflanzenschutzmittel selbst herzustellen – also jegliche Präparaten, die dazu geeignet sind, andere Organismen zu schädigen. Das führt zwar mitunter zu solch kuriosen Fällen wie dem Backpulververbot, dient letztlich aber dem Schutz unser aller Gesundheit und der Umwelt.

Kuriosum Backpulver

Natriumhydrogencarbonat (Natron) und Kaliumhydrogencarbonat sind altbekannte Triebmittel für Backwaren – und beugen nachweislich Sternrußtau, Echtem Mehltau und Amerikanischem Stachelbeermehltau vor. Früher waren sie daher als Pflanzenstärkungsmittel gelistet, und man konnte sich aus 5 g Natron auf einen Liter Wasser selbst eine Lösung zum Spritzen anrühren. Dann wurde jedoch mehr über die Wirkungsweise bekannt: Die Lösung trocknet die Pilzfäden und -sporen aus, wirkt also aktiv gegen die Erreger. Damit gilt Backpulver nun unglücklicherweise als Pflanzenschutzmittel und darf nicht mehr angewendet werden, bis offiziell ein entsprechendes Produkt als Pflanzenschutzmittel zugelassen wird.

Salz gegen Unkraut oder Schnecken ist verboten und schadet außerdem dem Boden und Kulturpflanzen.

PFLANZENSCHUTZMITTEL RICHTIG ANWENDEN

Checkliste

Vor der Anwendung

- ✓ Steht die Diagnose zweifelsfrei fest?
- ✓ Ist das Pflanzenschutzmittel für die zu behandelnde Kombination aus Schaderreger und Pflanze zugelassen?
- ✓ Ist das Produkt ausdrücklich für den Haus- und Kleingartenbereich zugelassen?
- ✓ Gebrauchsanweisung durchgelesen?
- ✓ Bevorzugen Sie anwendungsfertige Produkte, das beugt dem Anfallen von Restmengen und Reinigungsflüssigkeit vor.
- ✓ Bei nicht anwendungsfertigen Mitteln genau berechnen, wie viel Spritzbrühe benötigt wird.
- ✓ Immer die vorgegebene Dosierung einhalten.
- ✓ Haut- und Augenkontakt vermeiden. Falls vorgeschrieben, Schutzausrüstung tragen (z. B. Handschuhe, Schutzbrille).

Bei der Anwendung

- ✓ Möglichst in den frühen Morgen- oder Abendstunden spritzen, keinesfalls bei angekündigtem Regen und Wind. Auch pralle Sonne und Temperaturen über 25 °C vermeiden.
- ✓ Nur die tatsächlich vorgesehene Fläche behandeln, benachbarte Bereiche aussparen.
- ✓ Pflanzenschutzmittel dürfen weder direkt in Gewässer oder Abflüsse gelangen noch auf befestigte Flächen, da sie dort vom Regen abgespült werden können.
- ✓ Haut- und Augenkontakt sowie das Einatmen des Sprühnebels vermeiden. Falls vorgeschrieben, Schutzausrüstung tragen (z. B. Handschuhe, Schutzbrille).

Nach der Anwendung

- ✓ Restmengen und Spülflüssigkeit im Verhältnis 1:10 mit Wasser verdünnen und auf der zuvor behandelten Fläche ausbringen.
- ✓ Vollständig entleerte Produktbehältnisse können über den Hausmüll oder die Wertstoffsammlung entsorgt werden.
- ✓ Produktreste sind Sondermüll und müssen bei der örtlichen Schadstoffsammelstelle abgegeben werden.

Integrierter Pflanzenschutz

Bei einigen Gärtnern hängt ein Schild »Bin im Garten« an der Haustür, bei anderen »Bin im Kampfeinsatz« – könnte man zumindest angesichts des Waffenarsenals meinen, mit dem mancher Zeitgenosse seine grünen Schützlinge zu verteidigen sucht. Meist mit nachvollziehbarer Leidenschaft, aber nur kurzfristigem Erfolg. Dass es auch anders geht, dafür steht der integrierte Pflanzenschutz. Hier wird die Ursache des Übels bei der Wurzel gepackt – ohne dass man dafür gleich zum Öko werden muss.

Integrierter Pflanzenschutz – nur was für Ökos?

Nein, ganz sicher nicht. Ein bisschen integrierten Pflanzenschutz betreibt zum Beispiel jeder, der einen Nistkasten im Garten aufhängt, auf eine ausgewogene Düngung achtet oder eine besonders widerstandsfähige Rosensorte pflanzt. Integrierter Pflanzenschutz bedeutet nämlich schlicht, alle zur Verfügung stehenden Pflanzenschutzmaßnahmen so überlegt und gut aufeinander abgestimmt einzusetzen, dass Schaderreger sich gar nicht erst zum Problem entwickeln und chemische Pflanzenschutzmittel auf ein Minimum reduziert werden. Nistkästen gehören vor diesem Hintergrund ganz klar zum integrierten Pflanzenschutz, denn Vögel sind die natürlichen Gegenspieler von Blattläusen, Kohlweißlingsraupen und zahlreichen anderen potenziellen Schädlingen. Ausgewogen gedüngte Pflanzen entwickeln sich besonders gut und sind weniger anfällig für Krankheitserreger. Und resistente oder widerstandsfähige Pflanzensorten sind eine der schlagkräftigsten Maßnahmen des integrierten Pflanzenschutzes überhaupt, denn eine Rose, die erst gar keinen Rost oder Mehltau bekommt, macht eine Pflanzenschutzbehandlung überflüssig.

Herzlich Willkommen: Nisthilfen sind einer von vielen Bausteinen des integrierten Pflanzenschutzes.

Integrierter Pflanzenschutz auf einen Blick

- Wählen Sie resistente oder widerstandsfähige Sorten aus und achten Sie auf gesundes Saat- und Pflanzgut.
- Pflanzen Sie Arten, die zum Standort passen, also zu den Licht- und Bodenverhältnissen in Ihrem Garten.
- Lassen Sie Ihren Gartenboden untersuchen, um bedarfsgerecht düngen zu können.
- Bevorzugen Sie Kompost und Dünger, die ihre Nährstoffe erst nach und nach freisetzen.
- Verwenden Sie Pflanzenstärkungsmittel.
- Halten Sie vor allem im Gemüsegarten möglichst weite Fruchtfolgen ein.

- Setzen Sie Gründüngungspflanzen zur Bodenverbesserung ein.
- Locken Sie gezielt Nützlinge in Ihren Garten.
- Überlegen Sie, ob Sie einige Wildkräuter oder einen geringen Befall mit Schädlingen oder Krankheiten möglicherweise tolerieren können – die Pflanzen haben damit in der Regel weniger Probleme als die Gärtner.
- Setzen Sie auf physikalische und biotechnische Methoden, um Wildkräutern, Schädlingen und Krankheiten vorzubeugen und um sie zu bekämpfen.
- Führen Sie regelmäßig gärtnerische Hygienemaßnahmen durch, diese beugen mit geringem Aufwand vielen Ärgernissen vor.
- Bekämpfen Sie auftretende Schädlinge und Krankheiten mit Maßnahmen des biologischen Pflanzenschutzes.
- Setzen Sie chemische Pflanzenschutzmittel nur im Notfall ein und verwenden Sie vergleichsweise umweltschonende Wirkstoffe.

Schadschwellen und Wirtschaftlichkeit

Ein wichtiger Punkt in der Landwirtschaft und im Erwerbsgartenbau ist die Frage, ab wann Pflanzenschutzmaßnahmen – insbesondere der Einsatz teurer Pflanzenschutzmittel – wirtschaftlich sinnvoll sind.

Die Rechnung ist simpel:

- Sind die erwartbaren finanziellen Einbußen höher als die Kosten für eine Gegenmaßnahme, lohnt sie sich.
- Sind die Kosten für eine Gegenmaßnahme höher oder genauso hoch wie die erwarteten Einbußen, sollten Schäden toleriert werden.

Selbst der gefräßigste Schädling wird daher von den Profis toleriert, solange er nur vereinzelt auftritt. Gegenmaßnahmen werden erst ergriffen, wenn hohe Ertragseinbußen zu befürchten sind oder wenn der Schaderreger andernfalls im nächsten Jahr in Massen aufzutreten droht. Die wichtigste Entscheidungshilfe für die Profis sind die sogenannten Schadschwellen, die von Forschungseinrichtungen für alle gängigen Schaderreger ermittelt wurden. Erst wenn die jeweilige Schadschwelle überschritten wurde, dürfen die Erreger direkt mit chemischen Pflanzenschutzmittel bekämpft werden – durchaus im Eigeninteresse der Anbauer, denn vorher lohnt sich der Einsatz wirtschaftlich einfach nicht. Um herauszufinden, ob eine Schadschwelle erreicht ist, kontrollieren die Profis ihre Anlagen regelmäßig und zählen beispielsweise aus, wie viele Apfelwickler ihnen in die aufgehängten Pheromonfallen gegangen sind.

Im Hobbygarten spielt Wirtschaftlichkeit in der Regel keine oder eine eher untergeordnete Rolle. Gemüseanbau beispielsweise rechnet sich in den seltensten Fällen, macht aber Spaß, und bei Zierpflanzen wird ohnehin in Gute-Laune-Einheiten statt in Euro abgerechnet. Doch bei aller Pflanzenliebe und sosehr das Herz auch an einzelnen Pflanzen hängen mag: In eine neue, robuste Rosensorte zu investieren schont die Umwelt, spart Nerven und ist erheblich kostengünstiger, als eine empfindliche Sorte Jahr für Jahr mit teuren Spritzmitteln zu behandeln. Und bevor das selbst geerntete Obst und Gemüse am Ende gar stärker behandelt ist als das aus dem Handel, schwenkt man vielleicht doch besser auf andere Gehölze oder auf ein Staudenbeet um.

Auf in den Widerstand: mit robusten Sorten viel Ärger sparen

Auf die Plätze, fertig, los! Ein Marathon ist ein Klacks gegen das Rennen, das sich Pflanzen mit Pflanzenschädlingen und -krankheiten seit Anbeginn der Zeiten liefern. Über die Jahrtausende hinweg nehmen sich die Kandidaten nicht viel: Kaum hat sich eine Pflanze einen strategischen Vorsprung erarbeitet, grätscht ein mutierter Krankheitserreger dazwischen und alle Bemühungen waren für die Katz'; umgekehrt werden die Verteidigungsstrategien der grünen Erdenbewohner immer ausgefeilter und schwieriger zu umgehen – und davon profitieren nicht zuletzt die Gärtner.

Entspannter Gärtnern: Die Zucchinisorte 'Soleil' besitzt eine hohe Widerstandskraft gegen Echten Mehltau.

Resistente Sorten

Resistente Sorten sind die mit Abstand einfachste und wirkungsvollste Pflanzenschutzmaßnahme, auf die Pflanzenfans zurückgreifen können. Denn Pflanzen, die gegenüber typischen Krankheiten und Schaderregern resistent sind, werden erst gar nicht befallen. Die Mechanismen hinter solchen Resistenzen sind vielfältig: Mal produziert eine Pflanze Abwehrstoffe in so hohem Maße, dass tierische Schädlinge naserümpfend nach anderen Futterquellen Ausschau halten. Mal baut eine Pflanze potenzielle molekulare Andockstellen für Viren so raffiniert um, dass diese nicht mehr eindringen und die Pflanze infizieren können. Gegen Viruskrankheiten resistente Sorten sind dabei ein besonderer Glücksfall, denn Viren können mit Pflanzenschutzmitteln nicht bekämpft werden.

Vollständige, hundertprozentige Resistenzen sind relativ selten, praktischerweise gibt es jedoch viele Pflanzensorten, die zumindest über eine hohe Widerstandsfähigkeit gegenüber bestimmten Schaderregern verfügen. Diese Sorten werden als »tolerant« bezeichnet. Tolerante Pflanzen können zwar prinzipiell befallen werden, stecken das aber so gut weg, dass weder Ertragseinbußen noch eine geringere Fruchtqualität zu befürchten sind.

Eine weitere gute Nachricht: Resistente und tolerante Gemüsesorten sind in der Regel nicht oder nur wenig teurer als gewöhnliche Pflanzen und sparen Gärtnerin und Gärtner Zeit, Nerven und Geld für Pflanzenschutzmittel.

Natürlichen Ursprungs

Resistenzen entstehen meist durch spontane Mutationen, also zufällige, aber dauerhafte Veränderungen im Erbgut, oder nachdem Viren auf natürlichem Wege Erbgutbruchstücke einer Pflanzenart auf eine andere übertragen haben. Sie sind ein wichtiger Faktor bei der natürlichen Auslese: Unter massivem Druck durch einen bestimmten Krankheitserreger überleben langfristig nur die Pflanzen, die über eine hohe Widerstandskraft verfügen. Wird eine solche Resistenz oder Toleranz entdeckt, kann man die entsprechenden Pflanzen gezielt mit Sorten kreuzen, die andere wünschenswerte Eigenschaften haben, beispielsweise einen hohen Ertrag, einen herausragenden Geschmack oder besonders attraktive Blüten. Grundsätzlich können Resistenzen auch durch Verfahren erzielt werden, die sich der Gentechnik zuordnen lassen. Die Mehrheit der Verbraucher in Deutschland steht gentechnisch veränderten Organismen jedoch kritisch gegenüber, deshalb sind im Freizeitbereich bislang keine derartigen Sorten zugelassen worden.

WICHTIG

Resistenz-Ranking

Die eine Tomatensorte ist unempfindlich gegenüber Kraut- und Braunfäule, die andere gegenüber Samtflecken, eine dritte wird als mehltauresistent gepriesen. Ähnlich verwirrend sieht es bei vielen Obstgehölzen aus: Es gibt zahlreiche Sorten mit Resistenzen gegen einzelne wichtige Krankheiten – aber keine, die gegen alle auf einmal immun ist.
Bei der Sortenwahl gilt daher: Orientieren Sie sich an den wichtigsten Krankheiten, beziehungsweise an denen, mit denen Sie persönlich häufig zu kämpfen haben, denn auch das kann von Garten zu Garten unterschiedlich sein.
In der Praxis heißt das: Bei Tomaten ist eine hohe Widerstandskraft gegen Kraut- und Braunfäule am wichtigsten, vor allem im Freilandanbau. Im Gewächshaus ist die Samtfleckenkrankheit häufiger. Eine zusätzliche Mehltauresistenz kann in beiden Fällen als netter Pluspunkt angesehen werden, sollte aber nicht das Hauptauswahlkriterium sein. Ein Beispiel aus dem Obstbau: Bei Kirschen ist eine Resistenz gegen die Schrotschusskrankheit zwar erfreulich, eine ausgeprägte Widerstandsfähigkeit gegenüber *Monilia*-Pilzen aber deutlich wichtiger.

Ausschau nach Neuheiten halten

Eine Pflanze, die eine Resistenz entwickelt hat, kann sich ins Fäustchen lachen – eine Weile, denn früher oder später werden die meisten Resistenzen von den Schaderregern auch wieder geknackt. Oft dauert das viele Jahrzehnte bis Jahrhunderte, mitunter kann es aber leider auch recht fix gehen. (Aus demselben Grund gibt es beim Menschen jedes Jahr neue Grippeimpfstoffe – die Erreger passen sich einfach zu schnell an.) In den vergangenen Jahren sind beispielsweise die Blattlausresistenzen vieler Salatsorten in einigen Regionen Deutschlands zusammengebrochen, vormals resistente Sorten können nun also wieder befallen werden. In solch einem Fall lohnt es sich, verschiedene Sorten auszuprobieren. Zum anderen ist es generell sinnvoll, in Gärtnereien, Katalogen und Onlineshops nach neuen resistenten Sorten Ausschau zu halten: Züchter und Produzenten haben den Trend zu weniger Pflanzenschutzmitteln längst erkannt und ihre Suche nach natürlicherweise widerstandsfähigen Pflanzen daher verstärkt.

Tipp: Die Gartenakademien der Bundesländer geben konkrete und lokale Sortenempfehlungen für den Haus- und Kleingarten heraus und beraten darüber hinaus zu allen Fragen rund um Pflanzenschutz und ums Gärtnern (Adressen siehe Anhang).

Die Vitalität von Obstgehölzen hängt neben der Sorte auch von der »Unterlage« ab, auf die sie veredelt wurde.

Obstgehölze

Ähnlich wie beim Gemüse finden Gartenfreunde auch bei den Obstgehölzen immer mehr Sorten, die gegen wichtige Schaderreger resistent sind oder einen Befall ohne nennenswerte Schäden überstehen. Bei Gehölzen beeinflusst neben der eigentlichen Fruchtsorte jedoch noch ein weiterer Faktor die Pflanzengesundheit: die sogenannte Unterlage. Die in den Baumschulen erhältlichen Obstgehölze wurden nämlich in der Regel veredelt, also aus zwei Teilen zusammengesetzt. Ein Teil, das sogenannte Edelreis oder Edelauge, stammt von der Fruchtsorte, bei der Süßkirsche also zum Beispiel von der Sorte 'Burlat'. Der Wurzelstock hingegen, die »Unterlage«, stammt von einer anderen Sorte oder sogar einer anderen Pflanzenart. Beide werden zusammengesetzt und verwachsen miteinander – übrigens keineswegs eine neue, sondern eine jahrhundertealte Technik und ein wirklich cleverer Trick. Denn durch die Wahl der Unterlage lassen sich die Wuchsgeschwindigkeit sowie die Standorteignung des Baums steuern. Letztere hängt direkt mit der Pflanzengesundheit zusammen, denn nur am passenden Standort können sich Pflanzen optimal entwickeln.

Ein Beispiel: Die Kirschsorte 'Burlat' wächst recht stark, wodurch sie viel Platz benötigt und sich schlecht beernten lässt. Mit einer schwach wachsenden Unterlage kombiniert, bleibt sie deutlich kompakter – sehr praktisch. Doch es geht noch weiter: Die Unterlagen GI-SEL-A 5 und GI-SEL-A 6 sind beide schwachwüchsig und damit gut geeignet, um 'Burlat' im Wuchs zu bremsen. Wer einen Garten mit durchlässigem, sandigen Boden besitzt, für den ist GI-SEL-A 6 jedoch eindeutig die bessere Wahl. GI-SEL-A 5 hingegen eignet sich gut für schwere Böden mit hohem Wasserspeichervermögen. Wem nun vor lauter Großbuchstaben der Kopf schwirrt: Keine Angst, diese Details muss sich niemand merken. Es genügt, wenn Sie in der Baumschule die gewünschte Fruchtsorte nennen und den künftigen Standort des Gehölzes beschreiben. Die Profis suchen Ihnen dann die beste Sorten-Unterlagen-Kombination heraus.

Zierpflanzen

Vorbei sind die Zeiten, in denen bei Zierpflanzen lediglich das Äußere interessierte – ein Glück, denn seit Kriterien wie Langlebigkeit und Pflanzengesundheit bei der Züchtung verstärkt berücksichtigt werden, gärtnert es sich auch im Ziergarten deutlich entspannter.

Rosen

Am offensichtlichsten werden die Veränderungen bei der Königin der Blumen, der Rose. Während früher fast ausschließlich auf Reichblütigkeit und große Einzelblüten geachtet wurde,

Die Raublatt-Aster 'Alma Pötschke' wurde in der Staudensichtung mit »sehr gut« bewertet.

liegt heute der Fokus auch auf intensivem Duft und vor allem einer guten Blattgesundheit. Für ebenso attraktive wie robuste Rosensorten garantiert das ADR-Siegel. ADR steht für »Allgemeine Deutsche Rosenneuheitenprüfung«. Diese wird von einer Prüfungskommission aus unabhängigen Experten der Prüfungsgärten, des Bundes deutscher Baumschulen (BdB) und Rosenzüchtern durchgeführt. Bewertet werden die Rosen unter anderem auf Blattgesundheit, Winterhärte, Wüchsigkeit und Reichblütigkeit – und zwar nicht nur einmal, sondern über insgesamt drei Jahre hinweg an elf verschiedenen Standorten im ganzen Bundesgebiet (damit die Ergebnisse auch deutschlandweit gültig sind). Die besondere Herausforderung für die Rosen:

Während der gesamten Prüfzeit kommen keinerlei (!) Pflanzenschutzmittel zum Einsatz. Ein weiterer Pluspunkt für die Verbraucher: Die Prüfkriterien werden dem stetig steigenden Qualitätsstandard angepasst, weshalb das ADR-Siegel auch wieder aberkannt werden kann. Im Jahr 2012 wurden etwa alle Sorten aussortiert, die das ADR-Prädikat vor 1990 erhielten, da sie den heutigen Prüfkriterien nicht mehr standhalten. Dennoch können Rosenfans aus einem breiten Spektrum wählen – von Strauch-, Beet- und Kleinstrauchrosen über Bodendecker- und Zwergrosen bis hin zu Kletter- und Edelrosen. Nach Abschluss der Neuheitenprüfung 2015 durften sich von über 2000 getesteten Sorten 179 mit dem Qualitätszeichen schmücken. Unter www.adr-rose.de gibt es bebilderte Sortenbeschreibungen der aktuellen ADR-Sorten.

Stauden

Wer nach ebenso attraktiven wie robusten und langlebigen Stauden sucht – darunter auch klassische Rosenbegleiter wie Katzenminze *(Nepeta)* und Storchschnabel *(Geranium)* –, für den lohnt sich ein Blick in die Datenbank des Arbeitskreises Staudensichtung. Die unabhängigen Staudenexperten testen aktuelle Staudensortimente an zurzeit 17 Sichtungsstandorten in Deutschland, Österreich und der Schweiz. Auch hier müssen sich die Pflanzen unter den regional teils sehr unterschiedlichen Boden- und Klimabedingungen in der Regel mehrere Jahre lang behaupten – ohne Pflanzenschutzmittel, versteht sich. Unter www.staudensichtung.de kann man die Ergebnisse der Sichtungen durchforsten oder gezielt nach den am höchsten bewerteten Sorten suchen. Für diesen tollen Service gibt's von Staudenfans drei Sternchen!

Resistente Schaderreger

Leider können nicht nur Pflanzen Resistenzen gegen Schaderreger entwickeln, sondern Schaderreger können auch resistent gegen Pflanzenschutzmittel werden – und das ist wirklich ärgerlich, da oft vermeidbar. Derartige Resistenzen sind nämlich umso wahrscheinlicher, je häufiger Krankheitserreger oder Schädlinge mit demselben Wirkstoff konfrontiert werden.

Die Profis mache es vor

Erwerbsgärtner versuchen dem vorzubeugen, indem sie Wirkstoffe frühzeitig und häufig wechseln. Hobbygärtner können vor allem eines tun: Möglichst auf Pflanzenschutzmittel verzichten, sie in jedem Fall aber unbedingt korrekt anwenden. Denn wenn ein ungeeignetes Mittel eingesetzt wird, oder ein Produkt zu niedrig oder zu hoch dosiert wird, wirkt es nicht mehr richtig und alle oder viele Schaderreger überleben. Das ist doppelt ungünstig: Der Gärtner hat vergeblich gespritzt, den Schadorganismen aber einen kostenlosen Lehrgang in Sachen Wirkstoffkunde verpasst. Einige überlebende Exemplare sind nun nämlich möglicherweise schon ein bisschen besser an den Wirkstoff angepasst und geben diesen Vorteil über ihr Erbgut an die nächste Generation weiter. Die Folgen von Resistenzen sind für den Erwerbsgartenbau weitaus schlimmer als für den Hobbybereich; dennoch – oder gerade deshalb – stehen Freizeitgärtner ebenso in der Verantwortung für die weitere Entwicklung. Auch im eigenen Interesse: In den vergangenen Jahren hat beispielsweise die Wirksamkeit einiger Pflanzenschutzmittel gegen Spinnmilben an Gewächshaus- oder Zimmerpflanzen erheblich nachgelassen.

GESUNDHEITS-CHECK

Resistente Sorten

Mit resistenten Sorten können Sie Krankheiten oder Schaderreger von vornherein ein Schnippchen schlagen. Beispiele finden Sie auf S. 100 (verschiedene gegen Blattläuse resistente Salate) und S. 109 (gegen Echten und Falschen Mehltau resistente Obst- und Gemüsesorten).

Gesunde Pflanzen und Samen

Worauf Sie unabhängig davon immer achten sollten: Wählen Sie nur Saatgut und Pflanzen aus, die frei von Krankheiten und Schädlingen sind.

Saatgut

Beim Thema Saatgut stellt sich die Frage nach der Krankheitsfreiheit vor allem, wenn es um selbst vermehrte Sorten geht. Manche Pflanzenkrankheiten werden nämlich auch über das Saatgut übertragen. Leiden Tomaten beispielsweise unter der Samtfleckenkrankheit oder unter Frucht- und Stängelfäule, sollte man von diesen Pflanzen keine Samen gewinnen. Aus dem gleichen Grund lohnt es sich, in zertifizierte Saat-/Pflanzkartoffeln und Steckzwiebeln zu investieren: Sie wurden eigens zu diesem Zweck vermehrt und auf Krankheitsfreiheit getestet.

Pflanzenkauf

Beim Pflanzenkauf sollte man auch dann genau hinschauen, wenn es sich um Sorten mit Resistenzen handelt: Auf einer gegen Mehltau resistenten Pflanze reisen Schädlinge ebenso bequem in den Garten ein wie auf einer nicht resistenten. Grundsätzlich gilt: Augen auf beim Pflanzenkauf. Exemplare mit auffälligen Blattflecken, Faulstellen, unbekannten Krabblern oder Eigelegen (auch auf die Blattunterseiten achten) sollten im Zweifelsfall stehen bleiben. Dasselbe gilt für Töpfe mit unangenehm riechender Erde, denn das kann ein Hinweis auf vorangegangene Staunässe und damit verbundene Wurzelfäulnis sein. Ein positives Zeichen ist es hingegen, wenn aus den Wasserabzugslöcher am Topfboden feine weiße Wurzelspitzen herausschauen, denn Pflanzen mit einem gut durchwurzelten Ballen wachsen schneller an und sind dadurch robuster.

Blumenziebeln und Knollen

Blumenzwiebeln und Knollen sollten fest und prall sowie frei von Schimmel und faulen oder eingetrockneten Stellen sein. Falls alle Exemplare einer Auslage merkwürdig aussehen, fragen Sie aber am besten noch mal beim Verkäufer nach: Die Knollen der Winterlinge beispielsweise sind von Natur aus schwarz und schrumpelig. Wer nicht nur sich selbst, sondern auch anderen Pflanzenfreunden kranke oder mit Schädlingen besiedelte Pflanzen ersparen möchte, macht das Personal auf verdächtige Pflanzen aufmerksam. Diese können dann entfernt werden.

Standortvorteile: jedem seinen Lieblingsplatz

In dem einen Garten verkümmern sonnenhungrige Rosen im tiefsten Schatten, im anderen brutzeln Farne in der prallen Sonne und wünschen sich, nie gepflanzt worden zu sein. Umgekehrt ist die Enttäuschung aufseiten des Gärtners groß, wenn die weiße Rose nicht wie geplant die dunkle Gartenecke aufhellt, sondern schlicht die Blüte verweigert, oder wenn die Prachtspiere mit einem Mal gar nicht mehr prächtig aussieht, sondern nur noch schlapp mit Tendenz zu bröselig. Das Problem ist zum Glück ebenso simpel wie vermeidbar: Die Pflanzen passen nicht zum Standort. Gerade zu Beginn der persönlichen Gärtnerkarriere kann man sich viele Enttäuschungen sparen, indem man gezielt Pflanzen auswählt, die auch ohne Unterstützung mit den Standortbedingungen im jeweiligen Garten klarkommen – und die gibt es immer. Zugleich ist dies eine der effektivsten Pflanzenschutzmaßnahmen, denn Pflanzen, die sich wohlfühlen, werden seltener krank und sind widerstandsfähiger gegen Schädlingsbefall.

Die wichtigsten Standortfaktoren sind

- Lichtverhältnisse
- Bodenfeuchte
- Nährstoffangebot

Lichtverhältnisse

Auf Freiflächen können sich die Pflanzen den ganzen Tag in der Sonne rekeln, entsprechend spricht man von sonnigen Standorten. Lichter Schatten herrscht unter nicht zu dicht stehenden Laubgehölzen, bei denen die Sonne immer wieder durch das Blätterdach bricht. Hier wachsen in der Regel die gleichen Pflanzen, die sich auch im Halbschatten wohlfühlen. Von Halbschatten ist die Rede, wenn ein Gartenbereich etwa 4–5 h am Tag beschienen wird, ehe die Sonne weiterwandert. Vollschatten, den so gut wie nie ein Lichtstrahl durchdringt, herrscht vor allem unter Nadelbäumen und anderen immergrünen Gehölzen. Bisweilen wird auch noch der sogenannte Schlagschatten erwähnt. Er bezeichnet Vollschatten, der durch Gebäude oder Mauern verursacht wird.

Die Lichtverhältnisse im Garten kann man in gewissen Grenzen aktiv beeinflussen, indem man beispielsweise schattenspendende Gehölze pflanzt oder eine mit Kletterpflanzen begrünte Pergola errichtet – oder umgekehrt, indem man Gehölze zurückschneidet oder fällt oder etwa das Gartenhäuschen versetzt, um mehr Licht in bestimmte Gartenbereiche zu lassen.

Bodenfeuchte

Kakteen können Monate ohne einen Tropfen Regen überdauern, Seerosen gehen schon nach wenigen Stunden ohne Wasser kaputt – und dazwischen sind all die netten Gartenpflanzen, die den goldenen Mittelweg gewählt haben. Am häufigsten begegnet man im Hobbygarten den Bodenfeuchtekategorien trocken, frisch, feucht und nass. »Trocken« ist relativ eindeutig, ebenso das Gegenteil: Bei nassen Böden kann man problemlos Wasser aus einer Handvoll Erde pressen – Sumpfpflanzen fühlen sich in dieser Übergangszone zwischen Erde und offenem Wasser wohl. Frische Böden trocknen nur bei lang anhaltender Hitze und Trockenheit einmal aus und feuchte Böden sollten selbst dann noch eine deutlich spürbare Restfeuchte aufweisen. Den Wassergehalt des Bodens kann man durch unterschiedliche Maßnahmen beeinflussen, beispielsweise durch Gießen. Vorteil: simpel, schafft kurzfristig Abhilfe. Nachteil: zeitaufwendig (falls man keine automatische Bewässerung verwendet), kostspielig, unökologisch. Wer die Bodenfeuchte langfristig verändern möchte, für den ist Kompost (siehe S. 41) das Mittel der Wahl. Kompost erhöht das Speichervermögen für Wasser und Nährstoffe; gleichzeitig verbessert er die Krümelstruktur der Erde und sichert so eine gute Sauerstoffversorgung der Pflanzenwurzeln. Böden zu entwässern ist vergleichsweise aufwendig: eine große Menge in den Boden eingearbeiteter Sand kann Abhilfe schaffen, bei feuchten bis nassen Böden hilft jedoch oft nur ein fachgerecht angelegtes und nicht gerade günstiges Dränagesystem.

Nährstoffgehalt

Darf's a bisserl mehr sein? Da sagen einige Pflanzen nicht nein – andere hingegen schon. Rosen beispielsweise sind auf Diäten gar nicht gut zu sprechen; der als Rosenkavalier beliebte Lavendel hingegen braucht magere Kost, um nicht wortwörtlich zu verweichlichen und anfällig für Schädlinge und Krankheiten zu werden.

Türken-Mohn *(Papaver orientale)* liebt volle Sonne und durchlässigen, eher mageren Boden.

Das ist gut zu wissen, denn dann leuchtet auch ein, weshalb man zwischen Rosen und dem aus kargen Gebieten stammenden Lavendel mindestens 50, besser noch 100 cm Abstand einhält: Auf diese Weise kann man die Rose gezielt düngen, ohne den Lavendel zu überdüngen (und gleichzeitig bleibt die Rose gut durchlüftet, was Pilzkrankheiten vorbeugt). Der Nährstoffgehalt eines mageren Bodens lässt sich mittelfristig steigern, indem man reichlich Kompost einarbeitet. Umgekehrt lassen sich sehr »fette« Böden mithilfe von Sand abmagern – auch kleinflächig, etwa indem Lavendel oder auch Blumenzwiebeln einige Handvoll Sand ins Pflanzloch bekommen und auch der Erdaushub mit Sand vermengt wird.

Pflanzenansprüche erkennen

Vielen Pflanzen sieht man auf den ersten Blick an, unter welchen Bedingungen sie an ihren natürlichen Standorten wachsen. Großzügige, sattgrüne Blätter lassen in der Regel auf einen frischen bis feuchten Boden und/oder einen eher schattigen Standort mit guter Nährstoffversorgung schließen. Funkien sind hierfür ein gutes Beispiel. Schmale, harte oder ledrige Blätter, wie man sie von Thymian oder Rosmarin kennt, Pflanzen mit silbriger Bereifung oder mit einem feinen Haarflaum wie Lavendel und Woll-Ziest weisen auf einen vollsonnigen, trockenen und meist auch nährstoffarmen Standort hin. Die gute Nachricht: Unter all den Spezialisten sind auch viele Generalisten. Von Storchschnabel und Flammenblume beispielsweise gibt es unzählige Arten und Sorten, die in den unterschiedlichsten Regionen beheimatet sind. Entsprechend findet sich nahezu für jeden Platz ein geeignetes Exemplar.

Reibeprobe: Je schmieriger die Erde, desto höher der Tonanteil, je rauer, desto mehr Sand ist enthalten.

Und auch wenn es insbesondere für Einsteiger günstig ist, sich an den empfohlenen Standortbedingungen zu orientieren: Viele Pflanzen sind erstaunlich anpassungsfähig. Wer also keine Angst vor Verlusten hat, sollte gelegentlich einfach mal drauflosexperimentieren – aber umgekehrt auch die Reißleine ziehen, wenn sich Krankheiten und Schädlinge häufen. Denn oft sind kranke Pflanzen ein hilfreiches Alarmsignal: Diese Pflanze und dieser Standort passen einfach nicht zusammen – daran ändern auch Pflanzenschutzmittel nichts, da hilft nur umpflanzen oder ganz weglassen.

Bodenprobe

Auch als fortgeschrittener Gärtner lohnt es sich, den Bodenverhältnissen im Garten von Zeit zu Zeit etwas genauer auf den Grund zu gehen – mit einer Bodenuntersuchung, durchgeführt von einem professionellen Bodenlabor. Eine solche Analyse liefert die Grundlage für eine bedarfsgerechte Düngung und sollte alle 3–5 Jahre vorgenommen werden. Für den Freizeitgarten sind insbesondere folgende Informationen wichtig:

- pH-Wert
- Kalkbedarf
- Phosphor (angegeben als P_2O_5)
- Kalium (angegeben als K_2O)
- Magnesium (Mg)

Über den Humusgehalt des Bodens kann darüber hinaus der Anteil an pflanzenverfügbarem Stickstoff (N) bestimmt werden. Praktischerweise bieten viele Labors Standardpakete für den Hobbygarten an. Die Interpretation der Analyse-

WICHTIG

Bodenart bestimmen

»Leichte« sandige Böden erwärmen sich rasch, sind gut durchlüftet, speichern aber wenig Wasser und Nährstoffe. »Schwere« Böden mit hohem Tonanteil speichern viel Wasser und Nährstoffe, erwärmen sich jedoch nur langsam und können verdichten und Staunässe verursachen. Lehmböden liegen zwischen sandigen und tonigen Böden. Einen groben Eindruck über die Bodenart liefert die Fingerprobe: Versuchen Sie, aus einer Handvoll angefeuchteter Erde eine Rolle zu formen. Je einfacher das ist, desto tonhaltiger ist der Boden. Gelingt es kaum, weil das Material zerbröselt, handelt es sich um sehr sandigen Boden.

ergebnisse ist für Laien recht kompliziert, allerdings gibt es individuelle Düngeempfehlungen meist gleich mit dazu – bisweilen als Extra-Leistung, was sich aber in jedem Fall lohnt, denn eine ausgewogene Düngung sorgt für optimal ernährte und damit besonders robuste Pflanzen. Alles in allem kostet eine Bodenuntersuchung durchschnittlich 30–40 Euro. Da Stauden, Rasengräser und Gemüsepflanzen unterschiedliche Ansprüche haben, sollten Sie Blumenbeete, Rasenflächen und Gemüsebeete jeweils gesondert untersuchen lassen.

Der richtige Zeitpunkt für eine Bodenprobennahme ist entweder im Februar/März, ehe Sie zum ersten Mal Kompost oder anderen Dünger ausbringen, oder im Herbst – noch vor etwaigen Umgrabeaktionen. Für eine Untersuchung beispielsweise des Gemüsebeets entnehmen Sie insgesamt 10–15 Proben von unterschiedlichen Stellen im Beet und mengen sie in einem Eimer gründlich durch. Anschließend füllen Sie etwa 500 g der Mischung in einen sauberen Kunststoffbeutel und schicken diesen zusammen mit dem Auftragsformular an das ausgewählte Bodenlabor. Durch diese Mischprobe wird sichergestellt, dass das Analyseergebnis repräsentativ für die gesamte Fläche ist. Genaue Anleitungen zur Probenentnahme erhalten Sie bei den Bodenlabors, bei den Landwirtschaftlichen Untersuchungs- und Forschungsanstalten (LUFA) und bei den Gartenakademien der Länder (siehe Anhang). Prinzipiell kann man die notwendigen Bodenproben mit einem Spaten entnehmen. Insbesondere in eingewachsenen Beeten und in Rasenflächen ist das aber unrealistisch: Da hat man endlich eine geschlossene Pflanzendecke oder eine dichte Grasnarbe erzielt und soll sie dann gleich wieder grob zerstören? Ganz sicher nicht. Alternativ können Sie auf spezielle Handgeräte zur Bodenprobennahme zurückgreifen, die lediglich ein kleines rundes Loch hinterlassen – perfekt, um anschließend gleich noch eine Blumenzwiebel darin zu versenken. Kleingartenvereine verleihen Bohrstöcke oft gegen eine kleine Gebühr an ihre Mitglieder, mit etwas Glück oder entsprechenden Beziehungen auch an Externe. Auch einige Bodenlabors verleihen die Handbohrstöcke – bei Abholung kostenlos, bei Versand werden meist lediglich die Versandkosten berechnet. Alternativ können Sie Bohrstöcke, oft direkt bei den Labors, für etwa 40 Euro kaufen.

Gut zu futtern: Ausgewogen Düngen macht Pflanzen stark

Pflanzen, die unter Nährstoffmangel leiden, sind kein schöner Anblick: Sie kümmern vor sich hin, setzen nur wenige Blüten an und die wenigen sich entwickelnden Früchte sind oft nicht so lange haltbar. Mitunter zeigen sie sogar so auffällige Schadsymptome, dass Schädlinge oder Krankheitserreger als Ursache vermutet werden – ein Beispiel hierfür ist die Blütenendfäule von Tomaten mit Kalziummangel.

Düngen nach dem Motto »Viel hilft viel« richtet oft noch schlimmere Schäden an. Insbesondere mit dem Hauptnährstoff Stickstoff überdüngte Pflanzen entwickeln nämlich ein weiches, schwammiges Gewebe, das Schädlingen und Krankheitserregern wenig entgegenzusetzen hat. Zudem können die Pflanzen manche Nährstoffe nicht mehr aufnehmen, wenn im Boden ein Überangebot eines anderen Nährstoffs herrscht. Der angesprochene Kalziummangel bei Tomaten beispielsweise geht oft auf zu hohe Stickstoff-, Kalium- oder Magnesiumgehalte in der Erde zurück und wird daher am besten durch Spritzen mit einem Kalzium-Blattdünger ausgeglichen. Zusätzlich kann man Topftomaten intensiv gießen, um mit dem Wasser auch Nährsalze auszuschwemmen.

In Sachen Ernährung geht es den Pflanzen grundsätzlich also wie den Menschen: Wer von allen Nährstoffen die richtige Dosis zu sich nimmt, hat gute Chancen, gesund zu bleiben – selbst dann, wenn Krankheitserreger Hochsaison haben. Dazu braucht es zweierlei: Informationen darüber, wie viele Nährstoffe tatsächlich benötigt werden – das klärt eine Bodenuntersuchung (siehe S. 38). Und einen Dünger, der zu den Ansprüchen der Pflanze passt.

Synthetisch oder organisch?

Aus Pflanzensicht ist es erst einmal zweitrangig, aus welcher Quelle ein bestimmter Nährstoff stammt. Aus gartenbaulicher Perspektive haben sogenannte synthetische Dünger zwei Pluspunkte: Sie lassen sich prinzipiell sehr genau dosieren und erleichtern dadurch die bedarfsgerechte Düngung. Zudem wirken sie meist sehr schnell und können dadurch Mangelerscheinungen kurzfristig ausgleichen. Beide Vorteile können jedoch auch Nachteile sein: Wer sich weniger intensiv mit den Düngestoffen auseinandersetzt, hat rasch zu viele Nährstoffe ausgebracht. Aus ökologischer Sicht sind synthetische Dünger auch insofern bedenklich, da ihre Herstellung sehr viel Energie verbraucht und oft mit einem erheblichen Raubbau an der Natur einhergeht – viele Nährsalze werden zum Beispiel in Salzbergwerken gewonnen, sind also endliche Ressourcen. Leider ist auch nicht jeder organische Dünger ökologisch empfehlenswert: Guano beispielsweise entsteht aus den Exkrementen verschiedener Seevögel; der Abbau der natürlichen Vorkommen gefährdet unter anderem die Brutgebiete des an den Küsten Chiles lebenden Humboldt-Pinguins.

Flüssig- und Langzeitdünger

Je kleiner der Topf, desto schwieriger wird es mit der Kompostdüngung. Außerdem haben Topfpflanzen im Gegensatz zu Freilandpflanzen nur einen eng begrenzten Wurzelraum zur Verfügung, entsprechend rasch laugt die Erde aus. Die einfachste Methode: regelmäßig etwas Flüssigdünger ins Gießwasser mischen – in der Hauptwachstumszeit ein- bis zweimal wöchentlich, je nach Kultur und Packungsanleitung.

Wem das zu aufwendig ist, der kann auf Langzeitdünger zurückgreifen – in Form von Granulat, das aufgestreut und leicht in die Erde eingearbeitet wird, oder als Stäbchen und Düngekegel, die man zu Saisonbeginn einfach in die Erde steckt. Dennoch sollte man auch weiterhin ein Auge auf die Pflanzen haben (was in Sachen Pflanzenschutz ohnehin immer gut ist): Die Nährstofffreisetzung hängt bei Langzeitdüngern unter anderem von der Bodentemperatur und der Bodenfeuchte ab. Entsprechend sind die auf der Packung angegebenen Wirkzeiträume nur Richtwerte, die Nährstoffe können durchaus auch früher aufgebraucht sein. Falls Topfpflanzen Mangelsymptome wie gelbe Blätter zeigen oder auffällig in Wachstum oder Blüte nachlassen, kann eine zusätzliche Gabe Flüssigdünger sinnvoll sein.

Flüssigdünger eignet sich, um hungrige Kübelpflanzen zu versorgen, und bei akuten Mangelerscheinungen.

Allroundtalent Kompost

Das »schwarze Gold des Gärtners« ist nahezu uneingeschränkt empfehlenswert und absolut anfängertauglich. Kompost regt das Bodenleben an und setzt die im organischen Material enthaltenen Nährstoffe über einen längeren Zeitraum hinweg frei. Zudem verbessert er die Krümelbildung im Boden und dadurch sowohl die Belüftung als auch das Speichervermögen für Nährstoffe und Wasser. Wer keinen zusätzlichen Platz für einen Komposter opfern möchte, kann auch fertigen Kompost kaufen. Besonders günstig gibt es ihn oft direkt beim städtischen Kompostwerk. Achten Sie beim Kompostkauf auf das RAL-Gütezeichen. Gütezertifizierte Ware wurde auf Krankheitserreger, Unkrautsamen und Schadstoffe überprüft und hat stets annähernd gleiche Nährstoffgehalte.

Lediglich Moorbeetpflanzen wie Hortensien, Heidelbeeren, Azaleen und Rhododendren mögen keinen normalen Gartenkompost: Sie bevorzugen einen »sauren« Boden mit niedrigem pH-Wert und benötigen entsprechend sauer wirkenden Dünger, beispielsweise einen Rhododendrondünger. Trotz seines Namens kann er auch für Hortensien und Heidelbeeren verwendet werden.

Kompost aus Eigenproduktion

Ein eigener Komposter liefert den begehrten Stoff gratis und spart oft eine separate Biotonne samt Gebühren. Wurmkisten, Bokashi-Eimer und drehbare Minikomposter für den Balkon sind eher ein netter Gag, denn sie nehmen nur geringe Mengen an Grünabfall auf. Wer selbst kompostieren möchte, hat die Wahl zwischen Kompostern aus Holz, Metallgittern oder Kunststoff. In Thermokompostern aus Kunststoff läuft der Rotteprozess in der Regel etwas schneller ab, zudem kann man den reifen Kompost meist komfortabel durch eine seitliche Klappe entnehmen. Bei Holzkompostern empfehlen sich Modelle mit abnehmbarer Seitenwand, dank deren man ebenfalls recht bequem an den reifen Kompost kommt. Die meisten Komposter sind zum Boden hin offen, damit Regenwürmer und andere am Rotteprozess beteiligte Bodenlebewesen einwandern können. Wühlmäuse hingegen möchte man lieber fernhalten, daher am besten aktive Einlasskontrolle betreiben und Maschendraht zwischen Behälter und Boden einziehen.

Kompost versorgt die Pflanzen mit Nährstoffen, verbessert die Bodenstruktur und regt das Bodenleben an.

So klappt das Kompostieren

Der optimale Platz für alle Komposter ist ein windgeschützter Platz im Halbschatten, dort trocknet das organische Material nicht so schnell aus. Bei offenen Kompostern können Sie die Verdunstung zusätzlich mit einer mit Steinen oder Holzlatten beschwerten Strohmatte reduzieren und in heißen, trockenen Sommern sollten Sie den Inhalt von Zeit zu Zeit gießen. Ansonsten entscheidet vor allem die richtige Zusammensetzung des Kompostiermaterials über eine erfolgreiche Rotte. Wenn sie partout nicht voranschreitet oder sich unangenehme Gerüche entwickeln, ist das ein sicheres Zeichen dafür, dass die Materialmischung nicht stimmt. Im Inneren des Komposts findet ein Fermentierungsprozess statt, dafür braucht es organisches Material, Feuchtigkeit und ausreichend Sauerstoff – und der fehlt, wenn zu viel dichtes, sehr stickstoffreiches und/oder feuchtes Material auf einmal eingeschichtet wurde, beispielsweise Rasenschnitt.

Die wichtigste Regel lautet daher: Sich rasch zersetzendes sowie feuchtes Material immer abwechselnd mit langsam verrottendem und luftigem Material einschichten – also zum Beispiel erst einen Teil Rasenschnitt, dann grob zerkleinerte Zweige vom Heckenschnitt und erst dann den zweiten Teil Rasenschnitt oder Obst- und Gemüsereste. Wer größere Mengen Rasenschnitt vorher antrocknen lässt, reduziert das Fäulnisrisiko zusätzlich.

Damit der Komposter sicher steht und einen guten Bodenschluss hat, trägt man vor dem Aufstellen die Rasensoden am beabsichtigen Standplatz ab und hebt den Boden etwa 25 cm tief aus. (Den Aushub mitsamt der darin befindlichen Bodenlebewesen kann man wieder zwischen die Schichten streuen.) Auf den Boden kommen zunächst etwa 30 cm hoch grob zerkleinerte Äste und Zweige. Darauf geben Sie ggf. die abgetragenen Rasensoden mit der Wurzelseite nach oben und anschließend abwechselnd trockene und feuchtere Garten- und Küchenabfälle. Achtung: Gekochte Küchenabfälle und tierische Produkte sollten nur in kleinen Mengen auf dem Kompost landen und immer gut untergemischt werden; in größeren Mengen können sie Ratten anziehen und den Salzgehalt in die Höhe treiben. Auf einen gut funktionierenden Kompost dürfen übrigens auch Unkräuter und Teile kranker Pflanzen. Bei Unsicherheiten ist das Material in der Biotonne oder im Hausmüll aber besser aufgehoben.

Temperatur und Reifegrad prüfen

Ob der Rotteprozess wie gewünscht voranschreitet, lässt sich am einfachsten über die Temperatur prüfen. Variante 1: Mit dem Arm in den Komposthaufen langen – wird es im Inneren heiß, ist die Fermentation in vollem Gange. Wem das zu eklig ist, wendet Variante 2 an und misst die Temperatur möglichst in der Mitte des Haufens mit dem Fühlstab eines Kompost- oder Bratenthermometers. Sollte der Stab zu kurz sein, vorher einfach ein kleines Loch bohren. Je nach Größe des Komposthaufens sollten im Inneren im Optimalfall 40–65 °C herrschen. Nach vier bis neun Monaten ist der Kompost reif und kann entnommen und auf den Beeten verteilt werden. Ob es schon so weit ist, erkennen Sie an Optik und Geruch: Reifer Kompost ist dunkel, feinkrümelig und duftet nach Waldboden. Wer unsicher ist, macht den Kressetest: Sehen die Keimlinge gesund und kräftig aus, ist der Kompost reif; werden sie gelb, sollte man ihm noch etwas Zeit geben, damit die zu düngenden Pflanzen keinen Schaden nehmen.

WICHTIG

Faustregeln zur Kompostdüngung

- **Zeitpunkt:** Im März/April gleichmäßig auf dem Boden verteilen und etwas einarbeiten.
- **Gemüse:** 3 l Kompost pro Quadratmeter
- **Rosen:** 3 l Kompost pro Quadratmeter
- **Ziergarten:** 2 l Kompost pro Quadratmeter
- **Beerenobst:** 2 l Kompost + 100 g Hornmehl pro Pflanze
- **Baumobst:** 4 l Kompost + 100 g Hornmehl pro Pflanze

Fruchtfolge und Mischkultur

So oder ähnlich ging es schon vielen Gemüsegärtnern: Auf einem neu angelegten Beet wachsen Kohlrabi – und zwar ganz vorzüglich, denn bislang war das Beet für Kohlfliegen (siehe S. 124) eher uninteressant. Dann jedoch entdecken die ersten Exemplare die neuen Futtergründe und setzen prompt zur Familiengründung an. Die Folge: Einige Fliegen überwintern als Puppen im Boden – in der oft berechtigten Hoffnung, im zweiten Jahr erneut Kohlrabi auf dem Beet wiederzufinden. Auf diese Weise wächst von Jahr zu Jahr der Schädlingsdruck – und proportional der Frust des Gärtners. Kennt er sich hingegen mit der Fruchtfolge aus, erleben die Kohlfliegen im zweiten Jahr eine herbe Enttäuschung: Weit und breit ist kein Kohlrabi zu sehen. Der clevere Gärtner hat stattdessen Gemüsearten angebaut, für die sich Kohlfliegen sozusagen nicht die Bohne interessieren.

Was die Fruchtfolge etwas komplizierter macht, ist die nahe Verwandtschaft vieler Gemüsearten. Kohlrabi etwa gehören zu den Kreuzblütlern (Brassicaceae) und damit zu einer der umfangreichsten Pflanzenfamilien überhaupt. Tierische und mikrobielle Schaderreger, die sich für ein Mitglied dieser Familie interessieren, nehmen oft auch mit anderen Familienmitgliedern vorlieb – im Fall der Kohlfliegen also beispielsweise mit dem nah verwandten Blumenkohl, aber auch mit Rettich, Radieschen oder Rauke. Unter den Gemüsearten, die im Beispiel auf den Kohlrabi folgen, sollten also auch keine anderen Kreuzblütler sein.

Die Länge der erforderlichen Anbaupausen ist teils sehr unterschiedlich, bei den meisten Gemüsearten genügen drei Jahre, bei Kreuzblütlern sollten es schon vier Jahre sein und bei Schmetterlingsblütlern im Idealfall sechs bis sieben Jahre. Im Hobbybereich hat sich als Faustregel ein Vierjahresrhythmus als realistische und planungstechnisch gut zu handhabende Anbaupause für alle Gemüsearten durchgesetzt.

Beispiel für die Beetanlage im Gemüsegarten mit vierjähriger Fruchtfolge

	Jahr 1	Jahr 2	Jahr 3	Jahr 4
Beet 1	Kartoffeln	Kohlrabi	Radieschen + Feldsalat	Bohnen oder Gründüngung
Beet 2	Möhren + Zwiebeln	Rauke + Gartenmelde + Feldsalat	Bohnen oder Gründüngung	Gurken
Beet 3	Radieschen + Feldsalat	Bohnen oder Gründüngung	Zucchini + Mais	Kohlrabi
Beet 4	Bohnen oder Gründüngung	Tomaten	Möhren + Zwiebeln	Rauke + Gartenmelde + Feldsalat

Richtig düngen

Eine gelungene Fruchtfolge berücksichtigt aber nicht nur die Familienzugehörigkeit der verschiedenen Gemüsearten, sondern auch ihren Nährstoffbedarf. Grob lasst sich Gemuse in drei Gruppen einteilen: Starkzehrer, Mittelzehrer und Schwachzehrer, die dem Boden ihrem Namen entsprechend sehr viele bis sehr wenige Nährstoff entziehen. Praktischerweise ergänzen sich die drei Gruppen ganz ausgezeichnet: Hat ein Starkzehrer auf einem frisch mit Kompost versorgten Gemüsebeet diniert, wird anschließend auch noch der Mittelzehrer satt. Der genügsame Schwachzehrer begnügt sich schließlich mit den Resten. Erst danach muss wieder gedüngt oder, noch besser, sollte das Beet mittels einer Gründüngung neu belebt werden.

Die Tabelle auf S. 46 liefert einen Überblick über die Familienzugehörigkeiten und die »Essgewohnheiten« der beliebtesten Gemüsearten.

Mischkultur

Das Beet ist klein, die Wunschliste lang, mit diesem Problem beschäftigt sich auch die Mischkultur. Ihr Ziel: Den begrenzten Platz optimal ausnutzen, indem man Gemüsearten und aromatische Kräuter miteinander kombiniert, die sich keine Konkurrenz machen, sondern im Idealfall sogar gegenseitig unterstützen. Breit wachsende Tiefwurzler wie Kürbisse ergänzen sich zum Beispiel gut mit Mais, Bohnen oder anderen mitteltief wurzelnden, in die Höhe strebenden Arten. Flachwurzler wie Kopfsalat sind dankbare und schnell wachsende Lückenfüller.

WICHTIG

Bodenmüdigkeit

Neben der Königin der Blumen gehören auch zahlreiche Obstgehölze zu den Rosengewächsen (Rosaceae). Für alle gilt: Wo ein Rosengewächs entfernt wird, sollte für mindestens zehn Jahr kein neues gepflanzt werden. Andernfalls kümmern die Pflanzen oder sterben ab – Folgen der sogenannten Bodenmüdigkeit, deren Ursachen bis heute nicht ganz geklärt sind. Im Hobbygarten lässt sich das Problem außer durch eine Anbaupause nur durch einen großzügigen Bodenaustausch bis in mindestens 60 cm, besser 80–100 cm Tiefe lösen.

Standortansprüche haben Vorrang

Orientieren Sie sich auch bei der Mischkultur in erster Linie an den Standortansprüchen der verschiedenen Gemüsearten, dei Sie anbauen möchten. Optimal versorgte und entsprechend robuste Pflanzen sind verlässlicher als zumeist nicht wissenschaftlich belegte Abschreckungseffekte. Die häufig empfohlene Kombination Möhren und Zwiebeln beispielsweise mögen sich vielleicht in geringem Maße gegenseitig die Möhren- beziehungsweise Zwiebelfliege vom Hals halten. Zwiebeln bevorzugen aber eine reichhaltige, frische Erde, während Möhren auf ebensolchen Boden empfindlich reagieren. Also besser geeignete Pflanzen miteinander kombinieren und Gemüsefliegen durch Kulturschutznetze zuverlässig fernhalten.

Beliebte Gemüse und Kräuter und ihr Nährstoffbedarf

Sind Kartoffeln Starkzehrer? Welche Pflanzen sollten besser nicht auf Möhren folgen? Und wer gehört alles zur großen Familie der Kreuzblütler? In dieser Tabelle finden Sie die Nährstoffansprüche und die Familienzugehörigkeiten der wichtigsten Gemüse- und Kräuterarten auf einen Blick. Dennoch ist es auf den meist sehr überschaubaren Flächen im Hobbygarten gar nicht so einfach, alle Regeln zu beachten. Auch in diesem Fall hilft es jedoch, sich daran zu erinnern, dass Gärtnern vor allem Spaß machen soll und auch kleine Schritte zum Ziel führen.

Pflanzenfamilien	Baldriangewächse (Valerianaceae)	Borretschgewächse (Boragniaceae)	Doldenblütler (Apiaceae)	Gänsefußgewächse (Chenopodiaceae)	Hülsenfrüchtler (Fabaceae)	Korbblütler (Asteraceae)	Kreuzblütler (Brassicaceae)	Kürbisgewächse (Cucurbitaceae)	Lauchgewächse (Alliaceae)	Lippenblütler (Lamiaceae)	Nachtschattengewächse (Solanaceae)	Süßgräser (Poaceae)
Aubergine											■	
Basilikum										■		
Bohnen					■							
Borretsch		■										
Dill			■									
Erbsen					■							
Feldsalat	■											
Fenchel			■									
Gartenmelde				■								
Gurke								■				
Kartoffel											■	
Knoblauch									■			
Kohlarten*							■					
Kohlrabi							■					

* Blumenkohl, Rosenkohl, Wirsing, Weißkohl, Rotkohl

Starkzehrer | Mittelzehrer | Schwachzehrer

Pflanzenfamilien	Baldriangewächse (Valerianaceae)	Borretschgewächse (Boragniaceae)	Doldenblütler (Apiaceae)	Gänsefußgewächse (Chenopodiaceae)	Hülsenfrüchtler (Fabaceae)	Korbblütler (Asteraceae)	Kreuzblütler (Brassicaceae)	Kürbisgewächse (Cucurbitaceae)	Lauchgewächse (Alliaceae)	Lippenblütler (Lamiaceae)	Nachtschattengewächse (Solanaceae)	Süßgräser (Poaceae)
Kopf- und Pflücksalat												
Kresse												
Kürbis												
Mangold												
Melisse												
Minze												
Möhren												
Paprika												
Pastinake												
Porree												
Radieschen												
Rauke												
Rettich												
Rosmarin												
Salbei												
Schnittlauch												
Sellerie												
Spinat												
Thymian												
Tomate												
Zucchini												
Zuckermais												
Zwiebeln												

Wellnesskur für den Boden: Gründüngung

Sie sind die MacGyvers des Gartens: Gründüngungspflanzen können alles – oder zumindest ganz schön viel. Gezielt als Zwischenkultur ausgesät und anschließend in die Erde eingearbeitet, wirken sie sich gleich in mehrerer Hinsicht positiv auf die Bodenqualität aus und sparen dem Gärtner Arbeit, Dünger und Nerven.

Lupinen sind nicht nur sehr attraktiv, sie lockern auch den Boden und sind wertvolle Stickstoffsammler.

Tiefwurzler wie die Bitter-Lupine *(Lupinus angustifolius)* beispielsweise können gezielt zum Auflockern verdichteter Böden eingesetzt werden, etwa nach Baumaßnahmen oder auf schwerem Lehmboden. Mit ihren langen Wurzeln bohren sie sich mit Leichtigkeit selbst in stark verdichtete Erde hinein und brechen sie auf. Lupinen zählen zudem genau wie die Zottel-Wicke *(Vicia villosa)* und andere beliebte Gründüngungspflanzen zu den Hülsenfrüchtlern. Viele Vertreter dieser auch Fabaceae oder Leguminosen genannten Pflanzenfamilie punkten nicht nur mit attraktiven, nektarreichen Blüten, sondern auch mit einem gut ausgebauten Netzwerk: An ihren Wurzeln sitzen sogenannte Knöllchenbakterien, die Stickstoff aus der Luft binden können. Werden die Pflanzen nach der Standzeit zerkleinert und in die Erde eingearbeitet, verrotten sie und der wertvolle Pflanzennährstoff steht den nachfolgend angebauten Kulturpflanzen zur Verfügung.

Gründüngungspflanzen halten zudem die Beete bis zur nächsten Aussaat von Unkraut frei. Positiver Nebeneffekt: Die lebende Pflanzendecke verringert die Verdunstung und schützt den Boden bei Niederschlägen vorm Verschlämmen und Verkrusten. Nach der Standzeit wandeln unzählige Bodenlebewesen von Regenwürmern bis zu Bakterien das pflanzliche Material in Humus um. Dabei werden pflanzenverfügbare Nährstoffe frei und der Humus verbessert nachhaltig die Bodenstruktur: Die Erde wird feinkrümeliger und ist leichter zu bearbeiten, Wasser und Nährstoffe können besser gespeichert werden und die Durchlüftung wird verbessert.

Eine besondere Funktion haben Gründüngungspflanzen, die den Winter über auf dem Beet stehen bleiben. Zum einen schützen natürlich auch sie den Boden vorm Verschlämmen, Verkrusten und vor Unkrautaufwuchs und liefern später wertvollen Humus. Vor allem aber nehmen die meist im Spätsommer bis Spätherbst ausgesäten Arten überschüssigen Stickstoff im Boden auf. Dadurch verhindern sie, dass der Pflanzennährstoff bis zum Frühjahr ausgewaschen wird – das spart dem Gärtner Dünger und dem Grundwasser eine zusätzliche Belastung mit Nitrat.

Bienenfreund = Gärtnerfreund

Für welche Pflanzenart man sich bei der Gründüngung entscheidet, hängt neben der angepeilten Standzeit vor allem von der künftigen Flächennutzung ab. Insbesondere bei Gemüsebeeten muss nämlich die Fruchtfolge (siehe S. 44) berücksichtigt werden. Kreuzblütler (Brassicaceae) wie Raps sind für Gemüsebeete ungünstig, da etwa Kohlgewächse, Radieschen und Rauke zur selben Pflanzenfamilie gehören. Nach einer Rapsgründüngung ist eine mindestens vierjährige Kreuzblütlerpause sinnvoll, andernfalls steigt das Risiko für typische Krankheiten wie die Kohlhernie. Mit den Schmetterlingsblütlern (Fabaceae) verhält es sich ähnlich: Lupinen und Wicken sind als Gründüngung ungünstig, wenn im Folgejahr Bohnen oder Erbsen angebaut werden sollen. Um sich derartige

Für Gemüsebeete ist Bienenfreund besonders gut geeignet, da er mit keiner Gemüseart verwandt ist.

Überlegungen zu sparen, setzen Gemüsegärtner gerne auf Bienenfreund *(Phacelia tanacetifolia):* Die attraktive Pflanze ist eine echte Bienenweide und zudem fruchtfolgeneutral.

Ebenso hübsch wie nützlich sind auch eine Reihe beliebter Zierpflanzen: Insbesondere Studentenblumen *(Tagetes patula,* vor allem die Sorte 'Single Gold'), aber auch Kokardenblume *(Gaillardia),* Sonnenhut *(Rudbeckia),* Mädchenauge *(Coreopsis)* und in geringerem Maße Ringelblumen *(Calendula)* vertreiben pflanzenschädigende Nematoden aus dem Gemüsebeet. Es lohnt sich also, sie zwischen bestehende Gemüsepflanzungen zu setzen.

Herzlich willkommen: Nützlinge anlocken

Er ist niedlich, frisst Nacktschnecken, kommt meist erst abends zum Vorschein und hinterlässt keine störenden Häufchen: Dass der Igel die Hitliste der liebsten Gartenbesucher anführt, sei dem kleinen Streber von Herzen gegönnt. Die Zahl der nützlichen Gartenhelfer ist aber weitaus größer, als den meisten Gartenfans bewusst ist, vielleicht auch deshalb, weil viele Nützlinge ihrem Job als ehrenamtliche Schädlingsvernichter ausgesprochen diskret nachgehen. Ein Igel oder eine Amsel fällt nun mal eher auf als eine Schlupfwespe oder eine Spinne – zu deren Glück bisweilen, denn mancher hilfsbereite Gartenbewohner überlebt eine Entdeckung nicht oder nur mit knapper Not.

Markhaltige Stängel mit der Schere oder Laubsäge kürzen, in leere Dosen schieben, fertig ist die Nisthilfe.

Zeit, das Misstrauen gegenüber allem, was krabbelt, kriecht und fliegt, zu überwinden! Wer sich das Gärtnern erleichtern und ganz nebenbei Raum für spannende Naturbeobachtungen schaffen möchte, sollte vielmehr ganz bewusst Nahrungsquellen und Rückzugsräume für all die wichtigen kleinen und größeren Helfer schaffen.

Ideal für Nützlinge

- **Gemischte Blüten- und Wildobsthecken.** Sehen attraktiv aus, locken mit Nektar, Pollen und Früchten und bieten Rückzugsraum. Beispiele: Heckenrosen, Kornelkirsche *(Cornus mas)*, Kupfer-Felsenbirne *(Amelanchier)*, Berberitze *(Berberis vulgaris)*, Zierquitte *(Chaenomeles)* und Schlehe *(Prunus spinosa)*.
- **Abwechslungsreich bepflanzte Beete mit Stauden und Einjährigen.** Bestehende Pflanzungen auf Blühpausen prüfen und mit Arten ergänzen, mit denen die »Versorgungslücken« geschlossen werden. Auf Blumen mit gefüllten Blüten verzichten: Sie liefern keinen oder nur wenig Pollen und Nektar.
- **Großreinemachen verschieben.** Rasen verträgt keine Blätterschicht, (nicht wintergrüne) Beetstauden hingegen sind dafür gerade im Winter ebenso dankbar wie zahlreiche Insekten. Auch trockene Blütenstängel und Zier-

gräser erst im Frühjahr zurückschneiden, da hier viele Nützlinge überwintern.

- **Totholz- und Blätterhaufen.** Lose aufgeschichtete Äste, Zweige und Blätter bieten Igel, Eidechse, Blindschleiche, Erdkröte, Spinnen, Asseln sowie zahlreichen Insekten Zuflucht und Futtergründe. Auch am Boden oder in Bodennähe brütende Singvögel wie Rotkehlchen und Gartengrasmücke sind für ein bisschen »Unordnung« dankbar. Hier dürfen vielleicht sogar ein paar Brennnesseln wachsen, die für die Raupen vieler Schmetterlinge wichtige Futterpflanzen sind.
- **Trockenmauer.** Ohne Mörtel aufgesetzte Natursteinmauern eignen sich als Gartenbegrenzung, Beeteinfassung oder zusätzliches Schmuckelement (beispielsweise als Kräuterspirale). Sie dienen Eidechsen als Sonnenplatz, Versteck und Winterquartier, bieten aber auch Nisträume für viele Insektenarten.
- **Teich.** Zum Durstlöschen bei allen Gartenbewohnern beliebt, gleichzeitig ein attraktives Gestaltungselement. Sterile Wasserbecken (die durch steile Wände zudem oft zur Falle werden) vermeiden, stattdessen mit einer abwechslungsreichen Uferbepflanzung ein Biotop für Libellen, Wasserläufer, Frösche und Molche schaffen. Fischbesatz erst ab 2 m^2 Fassungsvermögen, sonst schnellen Algenwuchs und Pflegeaufwand in die Höhe.
- **Nisthilfen.** Ob für Hornissen, Fledermäuse, Florfliegen, Marienkäfer oder Vögel: Anleitungen für Nist- und/oder Überwinterungskästen gibt es im Internet wie Sand am Meer, im Handel erhältliche Kästen fast ebenso viele. Gut zu wissen: Kästen oder Brutröhren aus Kunststoff schaffen ein perfektes Mikroklima für Pilze und sind deshalb ungeeignet.

WICHTIG

Hohe Erträge dank Wildbienen

In einem nützlingsfreundlichen Garten fühlen sich automatisch auch Honigbienen, Hummeln und die solitär lebenden Wildbienen wohl. Insbesondere Wildbienen sind auf aktive Unterstützung angewiesen, denn durch Lebensraumverluste und Pflanzenschutzmittel wie die mittlerweile landläufig bekannten Neonicotinoide gingen ihre Bestände in den vergangenen Jahrzehnten rapide zurück. Diese Entwicklung ist mindestens so besorgniserregend wie der immense Rückgang an Honigbienen, denn mittlerweile ist bekannt, dass Wildbienen und Schwebfliegen die effektiveren Bestäuber sind. Bei den Mauerbienen etwa bestäubt ein einziges Weibchen je nach Art so viele Blüten wie 80 bis 300 Honigbienen!

Insektenhotel bauen

Eine einfache Nisthilfe besteht aus einem unbehandelten, etwa 10 cm dicken Scheit aus Buchen-, Eichen- oder Obstbaumholz. So tief, wie der Bohrer lang ist, werden Löcher mit einem Durchmesser von meist 3, 4 und 6 mm, seltener 8 und 10 mm in das Holz gebohrt – jeweils im Abstand von 2 cm, damit das Holz nicht reißt. Eingänge sorgfältig abschmirgeln, Holzstaub ausklopfen, fertig.

So wird Ihr Garten zum Nützlingsparadies

Ein nützlingsfreundlicher Garten muss keine undurchdringliche Wildnis sein, auch eine artenreiche Bepflanzung kann »ordentlich« aussehen und Wasser belebt ohnehin jede Gestaltung.

Nähern Sie sich dem Thema ruhig in kleinen Schritten. Den wichtigsten machen Sie, wenn Sie als Erstes auf Pflanzenschutzmittel möglichst vollständig verzichten.

Abwechslungsreiche Blumenbeete

Bienen, Schwebfliegen und viele andere Nützlinge sind auf Nektar- und Pollenspender angewiesen. Sehr ergiebig sind beispielsweise Jakobsleiter *(Polemonium)*, Astern, Kugeldisteln *(Echinops)*, Flockenblumen *(Scabiosa)* und Blut-Weiderich *(Lythrum)*.

Mit Kletterpflanzen hoch hinaus

Geißblatt *(Lonicera)*, Trompetenblume *(Campsis)* und Co. sind ein attraktiver Sichtschutz, isolieren Gebäude im Sommer und bieten vielen Tieren Nahrung, Versteck- und Nistmöglichkeiten – Selbstklimmer wie Wilder Wein *(Parthenocissus)* sogar ohne Rankhilfen.

Blumenrasen statt sterilem Grün

Schafgarbe *(Achillea)*, Günsel *(Ajuga)*, Wiesen-Salbei *(Salvia pratensis)* und Schlüsselblumen *(Primula veris)* sind nur einige von vielen hübschen Wiesenpflanzen, die Einheitsgrün in ein lebendiges, je nach Artenmix auch trittfestes Biotop verwandeln.

Offene Wege und Kiesflächen

Versiegelte Flächen beschränken sich in naturnahen Gärten auf ein Minimum. Auf Kiesflächen beispielsweise kann Regenwasser versickern und Eidechsen finden einen Sonnenplatz. In bewusst breiten Pflasterfugen blühen Thymian oder Mauerpfeffer *(Sedum)*.

Nistkästen aufhängen

Ob an Regentagen oder in der Winterpause, Nistkästen zu bauen, macht nicht nur Kindern Spaß. Naturschutzorganisationen halten Baupläne für verschiedene Vogelarten bereit, vom Meisenkasten über die Baumläuferhöhle bis zur Nisthilfe für Mehlschwalben.

Insektenhotel und Igelburg

Von strohgefüllten Blumentöpfen bis zur imposanten »Bettenburg«, die Auswahl an Nisthilfen für Insekten ist groß und hält viele ebenso nützliche wie dekorative Lösungen bereit – gekaufte oder selbst gebastelte. Auch Igel und Erdkröte kommen nicht zu kurz.

An heimische Gehölze denken

Sie sind besonders wertvoll, da sie sich gemeinsam mit der hiesigen Tierwelt entwickelt haben und neben Nektar und Pollen auch nahrhafte Früchte bereithalten, während etwa Rhododendren oder Magnolien bei uns nicht fruchten oder keine Abnehmer finden.

Teiche und Wasserstellen

Je größer der Teich, desto mehr gestalterische Möglichkeiten hat man und desto mehr Tierarten finden den Weg zum kostbaren Nass, aber schon eine regelmäßig aufgefüllte Vogeltränke lockt viele Gäste an und ermöglicht spannende Naturbeobachtungen.

Kompost

Kompost ist der empfehlenswerteste Dünger, denn er verbessert die Bodenstruktur und regt das Bodenleben an. Und hinter dem Komposter dürfen vielleicht sogar ein paar Brennnesseln als Futterpflanzen für Schmetterlingsraupen wachsen.

Kleiner Eingriff, große Wirkung: physikalische Maßnahmen

Ob Sie die Schnecke liebevoll zwischen Daumen und Zeigefinger nehmen und umsiedeln, sie zerschneiden oder sie mithilfe eines Schneckenzauns von Ihren Salatpflanzen fernhalten, in allen drei Fällen handelt es sich um physikalische Pflanzenschutzmaßnahmen. Diese sind nicht nur effektiv, sondern Pflanzenschutzmitteln in der Regel auch kostentechnisch überlegen. Den physikalischen Methoden zur Unkrautvorbeugung und -bekämpfung widmen wir uns im entsprechenden Kapitel ab S. 76. Hier soll es zunächst um physikalische Methoden gehen, die gleich gegen mehrere Schaderreger helfen und/oder in mehreren Gartenbereichen eingesetzt werden können.

Kohlweißlingsraupen lassen sich gut absammeln, entdeckt man Eigelege, kann man sie zerdrücken.

Das Problem anpacken

Kostet: Überwindung.
Maßnahme: Schnecken, Raupen und Kartoffelkäfer lassen sich aufgrund ihrer Größe recht gut absammeln. Wobei der fiesere Teil eigentlich erst danach kommt, denn Umsiedeln dürfte den meisten Menschen zu aufwendig sein, zumal das Aussetzen in bestehenden Biotopen nicht empfehlenswert ist. Zerschneiden und Überbrühen mit anschließendem Entsorgen über die Biotonne sind gängige Methoden; erfahrene Pflanzenschützer packen Schnecken aber auch schon mal in ein Kunststoffgefäß und frieren sie ein. Blattläuse wiederum können mit behandschuhten Fingern abgestreift werden, oder Sie spritzen sie mithilfe eines harten Wasserstrahls von der Pflanze – eine Maßnahme, die sich auch für Raupen eignet. Tipp: Wasserdruck langsam steigern, um auszutesten, welcher Druck der Pflanze noch bekommt. Ebenfalls ums Entfernen geht es, wenn befallene Pflanzenteile einfach mit der Schere ausgeschnitten werden – eine unkomplizierte wie effektive Lösung für viele Schaderreger, von Blattläusen an Johannisbeeren über Zucchiniblätter mit Mehltau bis hin zu einem Anfangsbefall mit dem Buchsbaumzünsler.

Barrieren errichten

Kostet: anfangs mitunter etwas mehr, ist mittelfristig aber ausgesprochen günstig.
Maßnahme: Ein Schneckenzaun mit dem typischen nach außen gebogenen Rand ist von allen physikalischen Abwehrmaßnahmen eine der teuersten, immerhin kostet ein Meter aus verzinktem Stahlblech etwa fünf Euro. Dafür hält er oft aber auch ein Gärtnerleben lang, während eine 500-Gramm-Packung Schneckenkorn mindestens ebenso teuer, aber schon nach kurzer Zeit aufgebraucht ist. Das Schneckenkorn muss zudem regelmäßig kontrolliert und nachgestreut werden, weil sich der Fraßköder insbesondere bei feuchter Witterung rasch zersetzen kann. Besitzer eines Schneckenzauns verreisen deutlich entspannter und ohne besorgte Blicke auf das Heimatwetter. Bei der mechanischen Barriere sollte man lediglich die angrenzenden Pflanzen nicht zu hoch werden lassen, damit keine »Schneckenbrücken« entstehen. Auch Kupferdraht, Kunststoffkragen und Barrieren aus austrocknend wirkenden Materialien können als effektiver Schneckenschutz taugen.

Feinmaschige Kulturschutznetze halten gleich eine ganze Reihe von Schaderregern vom Gemüse fern.

Schutz vor Wühlmäusen

Kostet: im ersten Fall nur ein bisschen Draht, im zweiten Fall die Wühlmaus meist das Leben.
Maßnahme: Wo Wühlmäuse vorkommen, können Sie besonders gefährdete Pflanzen wie junge Obstbäume und Zwiebelblumen mit einem engmaschigen Drahtgeflecht schützen. Für junge Obstbäume empfiehlt sich an nur mäßig stark gefährdeten Standorten ein unverzinktes Sechseckgeflecht mit 13 mm Maschenweite (Drahtstärke 0,7 mm). Nach zwei bis drei Jahren rostet der Draht durch und die Wurzeln können sich ungehindert ausbreiten. An besonders gefährdeten Standorten sollte der Draht hingegen ausdrücklich länger halten und daher verzinkt sein, das Gleiche gilt für Zwiebelkörbchen. In jedem Fall darauf achten, dass sich das Geflecht nicht allzusehr überlappt, andernfalls können die Wurzeln unter der verringerten Durchlässigkeit leiden.

Eine wesentlich rabiatere Methode sind Wühlmausfallen. Zu Lebendfallen kann paradoxerweise ausgerechnet aus Tierschutzgründen nicht geraten werden: Wühlmäuse (in der Regel Schermäuse) sterben stressbedingt, an Wasser- beziehungsweise Futtermangel oder aufgrund jahreszeitlich bedingter niedriger Temperaturen auch in Lebendfallen sehr schnell, dann aber umso qualvoller, wenn die Fallen nicht mindestens alle 2–3 h kontrolliert werden. Auch umgesiedelte Wühlmäuse überleben nur selten – und wenn, können sie die jeweiligen Biotope negativ beeinflussen. Wer die kleinen Nager nicht tolerieren oder Schäden durch vorbeugende Maßnahmen begrenzen kann, sollte daher im Zweifelsfall zu schnell tötenden Schlagfallen greifen. Unabhängig vom Modell wird zunächst per Verwühlprobe (siehe S. 114) festgestellt, ob es sich bei einem Gang tatsächlich um das Werk einer Schermaus handelt. Anschließend wird der verwühlte Gang erneut geöffnet, die Falle hineingestellt (bei einseitig geöffneten Varianten in Gangrichtung) und sorgfältig abgedeckt – nicht komplett verschlossene Gänge wecken das Misstrauen der Maus. Abschreckend wirken auch starke Gerüche wie Parfüm und Menschengeruch hingegen nicht. Einen Köder, etwa ein Apfel- oder Möhrenstück, brauchen Sie nur bei den oberirdisch aufgestellten Fallen.

Kulturschutznetze

Kostet: zunächst Zeit und Nerven, spart hinterher aber selbige und sichert hohe Erträge.
Maßnahme: Nicht immer sind mechanische Barrieren so einfach zu errichten wie der Schneckenzaun, könnte man einwenden, wenn man etwa an Kulturschutznetze denkt. Die feinmaschigen Netze über ein Gemüsebeet oder einen Obstbaum zu spannen und dann auch noch die Ränder möglichst lückenlos zu sichern, kann je nach Beet- oder Baumgröße ganz schön fuzzelig sein, zwei Hände reichen dafür

Blaue Netze werden von Vögeln gut erkannt. Am ungefährlichsten sind engmaschige, dicht schließende Netze.

oft kaum aus. Andererseits sind gut abschließende Kulturschutznetze kostengünstiger und zuverlässiger als jedes Pflanzenschutzmittel – und zudem oft die einzige Chance, bestimmte Schaderreger in den Griff zu bekommen. Denn gegen zahlreiche Gemüseschädlinge wie Möhrenfliege, Kohlfliegen, Wurzelfliegen und Kohlerdflöhe, aber auch gegen die Kirschfruchtfliege und die viele Obstkulturen befallende Kirschessigfliege sind im Hobbybereich schlicht keine Pflanzenschutzmittel zugelassen.
Ein weiterer Vorteil von Kulturschutznetzen: Sie verbannen auf einen Streich gleich diverse Schaderreger auf den Zuschauerrang – Synergieeffekte vom Feinsten.

Nur gucken, nicht anfassen, das gilt dank Kulturschutznetz für den Großteil der gängigen Gemüseschädlinge, unter anderem für:

- Gemüsefliegen wie Möhrenfliege, Kohlfliegen, Bohnenfliege, Wurzelfliegen
- Minierfliegen wie Möhrenminierfliege, Lauchminierfliege, Spargelminierfliege
- Gallmücken wie Kohldrehherzmücke, Erbsengallmücke
- Schadschmetterlinge wie Kohleulen, Kohlweißlinge, Kohlzünsler, Kohlmotte, Wintersaateule, Lauchmotte, Erbsenwickler
- Kohlerdflöhe
- Kartoffelkäfer
- Weiße Fliege (Mottenschildläuse)
- Blattläuse
- Schnecken (mit Ausnahme von Tieren, die bereits im Boden leben)
- Lilienhähnchen, die sich gerne auch mal an Gemüsezwiebeln und Knoblauch vergreifen
- Vögel

Kulturschutznetze: So geht's

Das Wichtigste: Nach dem Aussäen oder Pflanzen nicht lange fackeln, decken Sie die Beete umgehend ab und achten Sie darauf, Schlupflöcher zu vermeiden. Bei länger stehenden Kulturen ist es am sichersten, das Netz rundherum einzugraben. Müssen Sie das Netz hingegen öfter anheben, etwa, weil Sie in mehreren Sätzen säen und ernten möchten, sind ausreichend schwere Steine oder Holzlatten eine gute Lösung. In jedem Fall sollten Sie das Netz nach jedem Anheben baldmöglichst und vor allem sorgfältig wieder schließen. Achtung, damit Kulturschutznetze ihre volle Wirkung entfalten können, müssen gleichzeitig die Grundsätze der Fruchtfolge (siehe S. 44) berücksichtigt werden. Denn wo eine Gemüseart bereits mehrere Jahre in Folge am gleichen Platz wuchs, sind vermutlich schon viele Eier, Larven oder Puppen im Boden vorhanden. Wer das Beet dann mit einem Netz abdeckt, tut den Schädlingen, wenn es dumm läuft, sogar einen Gefallen: Durch das Netz gut vor Fressfeinden geschützt, lässt es sich besonders entspannt an der Familienplanung arbeiten.

Falls Sie ein kleineres Beet mit Mischkultur schützen möchten, ist es am einfachsten, das ganze Beet zu überspannen. Dazu wählen Sie ein Netz mit einer Maschenweite von unter einem Millimeter, um möglichst viele Schaderreger auf einmal abzuwehren. Die Materialwahl hängt unmittelbar mit dem Gewicht der Netze zusammen. Schwerere Netze halten in der Regel länger, für eher zarte und schlank im Beet aufragende Kulturen wie Salat und Lauch sind leichte Netze (bis 20 g/m^2) jedoch günstiger. Alternativ können Sie in Abständen Stützen im

Beet verteilen, etwa auf Bambusstäbe gestülpte Kunststoffflaschen, und darüber das schwerere Netz legen.

In größeren Gemüsegärten kann es sich lohnen, für unterschiedliche Kulturen auch Netze mit unterschiedlicher Maschenweite zu verwenden. Zur Orientierung: Um größere Schädlinge wie Kohlfliege, Lauchmotte, Bohnenfliege oder Kohlweißling abzuhalten, genügen Maschenweiten von 1,5–2 mm. Gegen kleine Schädlinge wie Möhrenfliege, Kohldrehherzmücke, Blattläuse, Weiße Fliege und Erdflöhe sollten Sie maximal eine Maschenweite von 1,5 mm wählen. Winzige Schädlinge wie Thripse halten Sie mit Maschenweiten unter 1 mm fern. Gut zu wissen: Unter sehr feinmaschigen Netzen steigt die Temperatur und die Verdunstung sinkt. Das kann ein Vorteil sein, etwa in kühlen oder niederschlagsarmen Sommern. Sind die Sommermonate hingegen sehr heiß oder regenreich, sollten Sie das Netz von Zeit zu Zeit lüften, damit die Pflanzen keine Hitzeschäden erleiden beziehungsweise damit die Luftfeuchtigkeit nicht allzu sehr ansteigt, denn das würde Pilzkrankheiten begünstigen.
Tipp: Im Frühling und Herbst können Sie anstelle von Netzen auch wärmendes Pflanzenschutzvlies verwenden und dadurch den Anbauzeitraum verlängern.

So macht die Kirschfliege die Biege

Im professionellen Obstbau wie auch in vielen Hobbygärten werden Kirschbäume schon seit Langem eingenetzt, um die heranreifenden Früchte vor Hagelschlag, der Kirschfliege und Vögeln, insbesondere Staren, zu schützen. Seitdem sich die Kirschessigfliege immer weiter ausbreitet, werden jedoch zunehmend auch andere Stein- sowie Beerenobstkulturen in einen schützenden Schleier gehüllt.

Als wichtigster durch Netze zu bannender Schaderreger ist die Kirschessigfliege das Maß aller Dinge und damit auch das Maß der Maschenweiten: Maximal 0,8 × 0,8 mm sollten es sein, dann bleiben sowohl die Kirschessigfliege als auch zahlreiche andere ungeladene Gäste fern. Wo die Kirschessigfliege noch nicht anzutreffen ist, orientiert sich die Maschenweite an der Kirschfruchtfliege und liegt bei maximal 1,4 × 1,4 mm. Achten Sie auf UV-Licht-beständiges Material, andernfalls halten die Netze oft nur um die drei Jahre.

Wichtig: Nur lückenlose Netze bieten auch einen lückenlosen Schutz. Die Netze sollten daher vollständig dicht abschließen und sorgfältig im Boden verankert beziehungsweise unter der Baumkrone zusammengebunden werden. Das reduziert gleichzeitig das Risiko, dass sich Vögel im Netz verfangen und dadurch zu Schaden kommen. Wer gezielt ausschließlich Vögel aussperren möchte und daher großmaschige Netze wählt, sollte zu leuchtend blau gefärbten Varianten greifen, da diese von den Tieren besonders gut erkannt werden.

Grundsätzlich sind engmaschige Netze für Vögel jedoch deutlich ungefährlicher, selbst wenn sie nur in Grün oder Weiß erhältlich sind – und wer sich ohnehin schon die Mühe des Einnetzens macht, ist mit engmaschigen Netzen beim Stein- und Beerenobst immer gut beraten. Praktisch: Mittlerweile finden Sie im Handel vorgefertigte Netze mit seitlichem Reißverschluss, die

Sie kleinkronigen Gehölzen relativ leicht überstülpen können. Anschließend werden die Netze mithilfe einer Kordel unterhalb der Krone zusammengezogen und verknotet. Preislich liegen sie je nach Maschenweite bei 50–60 Euro je Stück.

Für große Gehölze

Je größer der Baum, desto komplizierter das Einnetzen. Um wenigstens einen Teil des Fruchtbehangs vor der Kirschfrucht- und der Kirschessigfliege zu schützen, können Sie auch nur einzelne, gut erreichbare Äste einnetzen. Zum Schutz vor der Kirschfruchtfliege können Sie alternativ auch den Boden unterhalb des Kirschbaums mit einem Netz der Maschenweite 0,8 × 0,8 mm abdecken. Das Netz sollte bereits Ende Mai gespannt sein, da sich um diese Zeit oft schon die ersten Larven zu Boden fallen lassen, um sich in der Erde zu verpuppen. Da sie das dank Netz nicht können, sinkt der Befall im nächsten Jahr rapide. Noch leichter hat es, wer Hühner sein Eigen nennt, denn diese haben die im Boden eingegrabenen Puppen der Kirschfruchtfliegen zum Fressen gern.

WICHTIG

So lange wie nötig, so kurz wie möglich

Da durch Netze auch Bienen und blattlausvertilgende Nützlinge keinen oder zumindest deutlich schwerer Zugang zum Baum finden, sollten Sie Obstkulturen nicht länger als unbedingt notwendig einnetzen. Der Zeitpunkt orientiert sich daran, wann die jeweils fernzuhaltenden Schädlinge aktiv werden. Darüber gibt beispielsweise der örtliche Pflanzenschutzdienst Auskunft (siehe Anhang). Nach der Ernte sollte das Netz umgehend entfernt werden. Tipp: Oft halten sich schon Blattläuse an den Bäumen auf, wenn diese eingenetzt werden. Wer nur einige wenige Gehölze betreut, kann gezielt einige Marienkäfer einsammeln und in den Baum setzen, ehe das Netz geschlossen wird.

Very british: Gemüsekäfige

Ob es an der Tradition als Seefahrernation liegt? Jedenfalls sind uns die Engländer beim Thema Netze einen Schritt voraus. Im Mutterland der Gartenlust hat man gegrübelt, wie sich das Gärtnern mit Kulturschutznetzen vereinfachen lässt – eine leicht zugängliche Öffnung müssten die Netze haben oder gar eine Tür. Mittlerweile gibt es bereits eine große Auswahl knie- bis übermannshoher »vegetable cages«, und zwar von schlichten bis hin zu ausgesprochen dekorativen Varianten, die eher an einen Pavillon denn an eine Pflanzenschutzmaßnahme denken lassen. Sogar schnell aufstellbare Netzboxen, die mit einem Handgriff auf ein Beet oder auch ein Hochbeet gesetzt werden können, sind dort längst erhältlich. In Deutschland findet man bislang nur wenige und zudem ziemlich teure Varianten, das dürfte sich jedoch bald ändern. Und Bastler müssten nach dieser Anregung ohnehin schon blitzende Augen haben.

Hygiene im Garten

Vertrauen ist gut, Kontrolle ist besser – ein spröder Satz, aber einer der wichtigsten überhaupt beim Thema Pflanzenschutz, denn je früher ein Befall entdeckt wird, desto erfolgreicher kann man gegensteuern. Daher sollte der morgendliche oder abendliche Rundgang durch den Garten neben der Muße auch der Pflanzenkontrolle dienen. Wer es sich zur Gewohnheit macht, hier und da auch mal auf die Blattunterseiten zu sehen, nebenbei das eine oder andere Unkraut zu zupfen oder beim Gießen der Gewächshaustomaten ein paar Blattläuse abzustreifen, kann Veränderungen nahezu wortwörtlich im Vorübergehen feststellen und bei Bedarf schnell reagieren.

Ein regelmäßiger Schnitt sorgt für gleichmäßige Erträge, belüftet die Krone und lässt Licht an die Früchte.

Besondere Aufmerksamkeit sollte man auch beim Beschaffen von Saatgut und Pflanzen walten lassen, denn oft genug reisen Krankheitserreger und Schädlinge ganz bequem im Fahrradkorb, Kofferraum oder Versand-Päckchen in Richtung Garten.

Luft, Luft, Luft

Die meisten Pilzkrankheiten, aber auch viele Bakterien und Viren haben eines gemeinsam: Sie lieben Feuchtigkeit. Clevere Gartenfans sorgen daher dafür, dass die oberirdischen Pflanzenteile möglichst immer trocken sind. Dieses Ziel erreichen Sie, in dem Sie:

- Gehölze regelmäßig schneiden, dadurch wird die Baumkrone besser durchlüftet. Das mögen auch einige tierische Schädlinge wie Blattläuse oder die Kirschessigfliege gar nicht.
- im Gewächshaus regelmäßig Lüften.
- insbesondere bei pilzanfälligen Pflanzen wie Tomaten möglichst direkt an den Pflanzenfuß gießen, ohne die Pflanze selbst zu benetzen.
- sich an empfohlene Pflanzabstände halten – was zudem insgesamt zu einer besseren Pflanzenentwicklung beiträgt.
- pilzempfindliche Sorten an sonnige offene Plätze setzen, an denen der Wind um die Pflanzen streichen kann.
- die Baumscheibe, also die Fläche unter der Baumkrone, von Bewuchs freihalten – zumal ein Bewuchs (auch Rasen) für junge Gehölze eine unliebsame Konkurrenz darstellt und sich dort gerne Schädlinge verstecken.

Am Ball bleiben lohnt sich

Unkräuter, die rechtzeitig gejätet werden, können sich nicht versamen oder meterlange Ausläufer treiben. Kontinuität zahlt sich auch im Obst- und Gemüsegarten aus: Beschädigte oder sichtlich befallene Früchte sollten umgehend eingesammelt oder aufgehoben und entsorgt werden. Bei größeren Obstbäumen spätestens zum Winteranfang auch hochhängende Fruchtmumien mit einem ausziehbaren Obstpflücker entfernen, vom Ast schlagen oder mit einem harten Wasserstrahl herunterspritzen. Auf dem Gemüsebeet sollten zudem keine Ernterückstände verbleiben, da sie weitere Schädlinge anlocken oder zu Infektionsherden werden können. Auch im Ziergarten gilt: Entfernen und entsorgen Sie sichtbar kranke Pflanzenteile möglichst rasch – auch bereits abgefallene! Mit Schädlingen befallene Triebspitzen können Sie abschneiden (Ausnahme: Nadelgehölze). Topfgärtner sollten Substrat, in dem kranke Pflanzen wuchsen, austauschen und die Gefäße vorsichtshabler mit Wasser, Spülmittel und einer Bürste gründlich reinigen.

Verletzungen vermeiden

Jede Wunde ist eine mögliche Eintrittspforte für Krankheitserreger. Verwenden Sie daher für Schnittarbeiten nur scharfe, saubere Schnittwerkzeuge und warten Sie möglichst eine Phase mit trockener, und damit für Schadpilze ungünstiger Witterung ab. Tomaten geizen Sie am besten aus, solange die aus den Blattachseln sprießenden Seitentriebe noch möglichst klein sind; entsprechend rasch verheilen die Wunden. Insbesondere Schnittwerkzeuge sollten regelmäßig gereinigt und gegebenenfalls mit 70-prozentigem Ethanol desinfiziert werden, falls sie mit kranken Pflanzen(teilen) in Kontakt gekommen sind. Da in der Praxis jedoch die wenigsten nach jedem möglicherweise befallenen Exemplar eine Reinigungspause einlegen, sollte man beim Arbeiten zumindest stets mit den eindeutig gesunden Pflanzen beginnen – und die Klingen abschließend säubern.

WICHTIG

Hausmüll, Kompost oder Biotonne?

Beachtliche 60 °C herrschen im Inneren eines gut funktionierenden Komposts – genug, um die meisten Krankheitserreger, Wurzelunkräuter und Unkrautsamen zuverlässig zu zerstören. In der Praxis bleiben die Temperaturen jedoch häufig deutlich darunter. Wer unsicher ist, entsorgt »belastetes Material« über die Biotonne. Ein klarer Fall für den Hausmüll sind mit Kohlhernie befallene Pflanzenteile – die Erreger sind allzu widerstandsfähig. Geradezu ein Sondereinsatzkommando wird beim Verdacht auf Feuerbrand fällig: Da die hoch ansteckende Krankheit ganze Obstanlagen gefährden kann, müssen befallene Pflanzenteile – in Abstimmung mit dem Pflanzenschutzamt und der Kommune – an Ort und Stelle verbrannt oder in zusammengebundenen Müllsäcken zur nächsten Verbrennungsanlage gebracht werden.

Schwächen nutzen: biotechnische Maßnahmen

Mit Verliebten ist das ja so eine Sache: Benommen vom glückseligmachenden Rausch der Hormone taumeln sie durchs Leben und keine Warnung vermag ihnen die rosarote Brille herunterzureißen. Die Rückkehr in die Realität kann brutal sein, wenn man etwa den Verführungskünsten eines Blenders auf den Leim gegangen ist. Im Garten gilt das mitunter sogar wortwörtlich, denn Leimfallen gehören zum Repertoire der biotechnischen Pflanzenschutzmaßnahmen. Diese raffinierte und umweltfreundliche Methode nutzt die Vorlieben potenzieller Schädlinge, um sie zu fangen oder auszutricksen.

Leimfallen und Fanggürtel

Das vermutlich bekannteste Beispiel aus der Biotechnik sind sogenannte Gelbtafeln, die viele Menschen in ihre Zimmerpflanzen hängen oder in die Topferde stecken, um Trauermücken abzufangen. Die mit insektizidfreiem, wasser- und hitzebeständigem Leim bestrichenen Gelbtafeln helfen gegen eine ganze Reihe potenzieller Schadinsekten, beispielsweise gegen Weiße Fliege, Thripse, Tomatenminiermotte, geflügelte Blattläuse, Rhododendronzikade und Kirschfruchtfliege – die in den leuchtend gelben Leimkarten eine überdimensionierte heranreifende Kirsche vermutet. Andere Insekten haben eher eine Vorliebe für Weiß oder Blau: Weißkarten locken auf Blütensuche befindliche Apfel-, Birnen- oder Pflaumensägewespen sowie Himbeerkäfer an, währende Thripse auf blaue Leimtafeln noch besser hereinfallen als auf gelbe Exemplare. Nicht immer reichen die auch im Profianbau häufig verwendeten Leimfallen allein zur Bekämpfung aus. Sie liefern aber wichtige Hinweise darauf, ab wann ein bekämpfenswerter Befall vorliegt.

Da es bei Klebefallen immer Beifang gibt, darunter auch nützliche Insekten wie Schlupfwespen, sollte man entsprechende Fallen wieder abnehmen, wenn das jeweilige Problem nicht mehr akut ist. Ein Beispiel dafür, wie man auch ohnehin schon umweltfreundliche Produkte

Die Larven von Apfel- und Pflaumenwicklern nutzen Wellpapperinge als vermeintlich sicheres Versteck.

noch weiter verbessern kann, zeigt das Beispiel des grünen Kriechleims. Fertig zu kaufende oder aus Wellpappe und Raupenleim selbst gefertigte Leimringe sind eine wirkungsvolle Maßnahme gegen weibliche Spannerraupen. Um den Beifang zu reduzieren, haben einige Hersteller spezielle Leimvarianten entwickelt, auf denen anfliegende Insekten nicht haften bleiben. Raupen, Ameisen und Blutläuse hingegen werden festgehalten, sobald sie ein Stück Wegs zurückgelegt haben. Die grüne Farbe des Leims sorgt zudem dafür, dass die Leimringe für die meisten Insekten wenig attraktiv sind. Ein weiterer Vorteil: Auch Blätter bleiben im Kriechleim schwerer kleben, wodurch sich seltener »Brücken« über den Leim bilden. Ringe bei starker Verschmutzung erneuern.

Auch ohne Leim schätzen viele Gärtnerinnen und Gärtner Wellpapperinge, nämlich zur Bekämpfung von Apfel- oder Pflaumenwicklern. Deren Larven verlassen ab Ende Juni die Früchte, an denen sie sich gütlich getan haben, und wandern aus der Baumkrone Richtung Boden, um sich in der Erde oder in Rindenritzen zu verpuppen. Treffen die Raupen vorher jedoch auf einen um den Stamm gelegten 10 cm breiten Wellpappering, ziehen sie in die überaus komfortabel erscheinenden Ritzen zwischen den Pappröhrchen ein. Bad luck, denn bis Ende Oktober wird der Fanggürtel einmal wöchentlich über einem Wassereimer abgebürstet – das bedeutet für die Larven das Ende, während der Fanggürtel erneut angebracht werden kann und im nächsten Jahr ein geringerer Wicklerbefall zu erwarten ist. Gut zu wissen: Regen schadet den Ringen nicht, solange sie intakt sind, können sie immer wieder verwendet werden.

Sexualhormone locken die Wickler in die Falle.

Dufte Sache: Lockstoffe

Fast können einem die Apfel- und Pflaumenwickler leidtun: Sie sind schon arg unbeliebt, das zeigt die Zahl unterschiedlicher Möglichkeiten, mit denen man ihnen ans nicht vorhandene Leder will. Eine weitere umweltfreundliche Möglichkeit, einen Befall mit Wicklern festzustellen und zu reduzieren, sind Lockstofffallen. Eine klassische Lockstofffalle ist die Bierfalle gegen Schnecken. Moderne Lockstofffallen basieren hingegen auf der Entdeckung der sogenannten Pheromone, das sind Sexuallockstoffe, mit deren Hilfe die Weibchen und Männchen zahlreicher Insektenarten zur Paarung zusammenfinden. Mit den für die menschliche Nase nicht wahrnehmbaren Pheromonen werden zum einen Klebefallen beduftet, wodurch sich Befallsbeginn und Befallsstärke frühzeitig feststellen lassen und der Befall etwas reduzieren lässt. Im Profigartenbau hat sich bei einigen Schaderregern zudem die »Verwirrmethode« bewährt: Die Anbaufläche wird vor Beginn des Insektenflugs in eine Lockstoffwolke gehüllt, wodurch die Männchen die Weibchen nicht mehr orten können – und die Familiengründung fällt aus.

Von den Profis lernen: biologischer Pflanzenschutz

»Sie sind hoch motiviert und zuverlässig, arbeiten eigenständig, rekrutieren unaufgefordert neue Mitarbeiter und verlangen als Lohn nur das, was der Chef nicht haben will.« Diese Stellenanzeige ist zum Scheitern verurteilt? Keineswegs, es finden sich sogar gleich mehrere Bewerber. Hobbygärtner profitieren nämlich seit einigen Jahren von einem Bereich, der einst dem Profianbau vorbehalten war, nämlich der Produktion speziell für die Schädlingsbekämpfung gezüchteter Nützlinge. Im Erwerbsgartenbau gehört ihr Einsatz insbesondere in Gewächshauskulturen längst zu den Standardmethoden – Schlupfwespen der Art *Encarsia formosa* etwa halten in Tomaten- und Gurkenkulturen die Weiße Fliege in Schach. Und es wird laufend weitergeforscht, um das Heer nützlicher Helfer zu verstärken. Nützlinge lassen sich auch im Hobbygarten gezielt gegen Schädlinge einsetzen – und vieles spricht dafür, dies auch zu tun:

- Es ist unkompliziert und preiswert.
- Nützlinge sind absolut ungefährlich für Menschen und Haustiere (und krabbeln auch nicht auf Gärtnerin oder Gärtner).
- Nützlinge »wirken« nur so lange, wie noch Schädlinge vorhanden sind.
- Viele Nützlinge können Sie gegen mehrere unterschiedliche Schädlinge auf einmal einsetzen.
- Nützlinge spüren auch versteckt sitzende Schädlinge auf.
- Das Gewächshaus und andere behandelte Flächen können jederzeit betreten werden.
- Es gibt keine Wartezeiten und Sie können Obst und Gemüse jederzeit ernten.
- Die Umwelt wird geschont – auch bei »Fehlanwendungen«.

Gut zu wissen: Viele Nützlinge sind absolut unauffällig, insbesondere Larven können äußerlich jedoch an winzige Monster erinnern, daher bitte nicht mit Schädlingen verwechseln. Auch entdeckte Eier könnten von den kleinen Helfern stammen. Am besten lässt man die Pflanzen nach dem Ausbringen der Nützlinge bis auf die gewohnte Pflege schlicht in Ruhe, erste Erfolge stellen sich nach einer mal mehr, mal weniger kurzen Anlaufzeit von selbst ein.

Ökologisch bedenklich?

Kling ja alles schön und gut, aber können die Nützlinge nicht zur Gefahr für heimische Ökosysteme werden? Eine berechtigte Frage, die wohl vor allem mit dem Asiatischen Marienkäfer zu tun hat. Dieser war in der 1980er-Jahren im Zuge der biologischen Schädlingsbekämpfung nach Deutschland gelangt und hat sich seitdem massiv ausgebreitet. Einige Jahre lang herrschte große Verunsicherung darüber, ob der plötzlich überall anzutreffende kleine Kerl die heimischen Marienkäferarten verdrängen würde – und ob er zudem hochwertigen Wein ungenießbar macht, wenn er mit ins Keltergut gelangt. Das Julius-Kühn-Institut, das unter anderem am Zulassungsverfahren für Pflanzenschutzmittel beteiligt ist, ging den Fragen in einer mehrjährigen Untersuchung in Wein- und Obstbauanlagen nach und konnte beides mittlerweile relativieren: Nein, der Asiatische Marienkäfer konnte die heimischen Arten nicht verdrängen. Und was den Weingeschmack angeht, liegen der heimische Siebenpunkt-Marienkäfer und der Asiatische Marienkäfer annähernd gleichauf: Die Körperflüssigkeit beider Arten kann einen bitteren Beigeschmack verursachen, den sogenannten Marienkäferton. Dafür sind aber tatsächlich ziemlich viele Käfer notwendig. Die gute Nachricht für Weinliebhaber: Bei der Untersuchung wurde gleich noch entdeckt, wie der Beigeschmack durch das Gärverfahren reduziert werden kann – egal, welcher Marienkäfer ihn verursacht.

Vorwiegend heimische Arten einsetzen

Ob Florfliege, Schwebfliegen oder Siebenpunkt-Marienkäfer, die meisten der hierzulande angebotenen Nützlinge sind hier auch heimisch und können im Garten sozusagen in freier Wildbahn beobachtet werden. Selbst wenn also einige der im Gewächshaus eingesetzten Nützlinge ins Freie gelangen (wohin sie sich ohnehin nicht begeben, solange sie noch Schädlinge an den Pflanzen finden) stellen die wenigen im Hobbygarten ausgebrachten Tiere keine Bedrohung für das ökologische Gleichgewicht dar. Arten, die wie die Schlupfwespe *Encarsia formosa* aus tropischen Klimaten stammen, können außerhalb des geschützten Gewächshauses ohnehin nicht überwintern. Ob sich das langfristig durch den Klimawandel ändern wird, bleibt abzuwarten, die Forschungsinstitute begleiten aber auch die Entwicklung des biologischen Pflanzenschutzes und behalten derartige Fragen im Blick.

Nützlingen mögen keine Chemie

So robust sie auch sind, auf chemische Pflanzenschutzmittel reagieren alle Nützlinge ausgesprochen empfindlich – und zwar nicht nur auf Insektizide! Wer einen Nützlingseinsatz plant, sollte daher schon sechs Wochen vor dem Ausbringen keine chemischen Pflanzenschutzmittel mehr einsetzen – und logischerweise auch danach auf Chemie verzichten, solange die Tiere aktiv sind.

Marienkäferlarven haben Blattläuse zum Fressen gern. Auch die erwachsenen Käfer saugen manche Laus aus.

Das Who's Who der Gartenhelfer

Nützlinge sind längst kein extravagantes Vergnügen mehr: Die Preisspanne reicht von unter 10 Cent bis zu 1 Euro je Quadratmeter. Angesichts der vielen Vorteile gegenüber chemischen Pflanzenschutzmitteln sind Nützlinge damit nicht immer ein billiges, in jedem Fall aber ein preiswertes Mittel, um insbesondere Gewächshauspflanzen vor Schädlingen zu schützen. Im Einzelnen hängen die Kosten sowohl von der jeweiligen Nützlingsart ab als auch vom Bestellumfang – je mehr, desto billiger. Es lohnt sich also, sich für eine Bestellung mit Nachbarn, Freunden oder gar mit dem ganzen Kleingartenverein zusammenzutun und beim Hersteller nach Rabatten zu fragen.

Blattläuse sind die Hauptnahrung von Marienkäfern und ihren Larven.

Marienkäfer

Helfen gegen: Blattläuse, Wollläuse.
Ein erwachsener Marienkäfer macht während seines knapp einjährigen Lebens bis zu 5.000 Blattläusen den Garaus. Eine Larve kommt im Laufe ihrer ein- bis zweimonatigen Entwicklungszeit immerhin auf bis zu 400 Blattläuse.
Kosten: 30 Larven des Zweipunkt-Marienkäfers *(Adalia bipunctata)* kosten rund 10 Euro und reichen für etwa 10 m². 60 Larven sind bereits für 15 Euro zu haben. Alternativ können Sie den Siebenpunkt-Marienkäfer *(Coccinella septempunctata)* einsetzen. 150 Eier reichen für 10 m² und kosten etwa 12 Euro.
Der gegen Wollläuse besonders effektive Australische Marienkäfer *(Cryptolaemus montrouzieri)* schlägt mit 12 Euro für 25 Larven zu Buche, diese reichen für ca. 25 m².
Anwendung: Eigelege werden auf Folienstückchen geliefert und in die Pflanzen gelegt. Käfer und ihre Larven kommen in Tütchen, die über den Pflanzen ausgeklopft oder in die Pflanzen gehängt werden. Fürs Freiland bestimmte Marienkäfer solten an einem trockenen und windstillen Tag freigesetzt werden. Bitte beachten: Australische Marienkäfer benötigen Temperaturen über 20 °C und zusätzliches Trinkwasser.

Florfliegen

Helfen gegen: Blattläuse, Wollläuse, Thripse, Spinnmilben.
Der Nachwuchs von *Chrysoperla carnea* vertilgt

täglich an die 50 Blatt- oder Wollläuse, was ihm den Spitznamen »Blattlauslöwe« einbrachte. Daneben stehen auch Thripse und Spinnmilben auf dem Speiseplan. Vor allem gegen Wollläuse sind sie eine gute Alternative zum Australischen Marienkäfer, da sie schon ab 12 °C auf Beutefang gehen und trockene Luft vertragen.

Kosten: 5 Kärtchen mit je 120 Florfliegeneiern sind ausreichend für 20 m² Gewächshausfläche und kosten etwa 10 Euro, 10 Kärtchen gibt es für rund 15 Euro.

Anwendung: Angeboten werden Pappkärtchen mit Florfliegeneiern oder Pappwaben mit bereits geschlüpften und somit schneller einsatzbereiten Larven. Jeweils in die befallenen Pflanzen hängen. Sind nach zwei bis drei Wochen noch Schädlinge vorhanden, Vorgang wiederholen – die Florfliegen vermehren sich im Gewächshaus nicht und verlassen es beim Lüften.

Schwebfliegen

Helfen gegen: Blattläuse, Blutläuse, Spinnmilben.

Episyrphus balteatus tarnt sich mit einem wespenartigen gelb-schwarzen Streifenmuster. Man erkennt sie leicht an ihrer ruckartigen Flugweise, zudem kann sie im Flug in der Luft »stehen«. Schwebfliegen schlürfen Blütennektar und bestäuben die Blüten dabei. Ihre Larven stehen auf Frischfleisch – jede einzelne schafft innerhalb von ein bis zwei Wochen bis zu 1.000 Blattläuse, aber auch Blutläuse und Spinnmilben werden nicht verachtet. Fürs gezielte Ansiedeln im Gewächshaus sind sie weniger geeignet, doch im Freiland zählen sie zu den wertvollsten Blattlausfeinden und gehen zudem bereits ab 15 °C auf Beutefang.

Tipp: in den Garten locken (siehe S. 52/53).

Schlupfwespen

Encarsia formosa

Helfen gegen: Weiße Fliege.

Schlupfwespen legen ihre Eier in die Larven der Weißen Fliege. Ihre Larven finden sich direkt in der Speisekammer wieder und fressen die Larven der Weißen Fliege von innen heraus auf. Die erwachsenen Schlupfwespen saugen zudem jüngere Larven der Weißen Fliege aus.

Kosten: 200 Schlupfwespenpuppen kosten etwa 10 Euro und reichen für 40 m². 600 Puppen kosten rund 15 Euro.

Anwendung: mit Puppen besetzte Kärtchen in die Pflanzen hängen, nach zwei Wochen wiederholen. Optimale Ergebnisse sind bei einer Temperatur von 22–27 °C zu erwarten, die Minimaltemperatur beträgt 17 °C.

Aphidius colemani, Aphidius ervi

Helfen gegen: Blattläuse; *A. colemani* besonders gegen die Grüne Gurken- und die Grüne Pfirsichblattlaus, *A. ervi* gegen die Gefleckte und die Grünstreifige Kartoffelblattlaus.

Jede weibliche Schlupfwespe sticht 200 bis 500 Blattläuse an und legt ihre Eier in dieselben. Nach zwei Tagen schlüpfen die Larven, fressen die Blattläuse von innen aus und verpuppen sich in der leeren Hüllen. Nach weiteren 15 Tagen schlüpfen die erwachsenen Tiere.

Kosten: Für etwa 20 Euro erhält man eine Mischung aus 500 Puppen und geschlüpften erwachsenen Tieren – genug für 250 m².

Anwendung: Pappröhrchen in Gemüse- oder Obstpflanzen hängen. Bei Gehölzen mit Leimringen kombinieren, um Ameisen fernzuhalten. Diese beschützen die Blattläuse wegen ihrer zuckerhaltigen Ausscheidungen.

Trichogramma cacoeciae

Helfen gegen: Apfelwicklerlarven.
Auch bei dieser Art parasitieren die weiblichen Schlupfwespen die Eier der Schädlinge.
Anwendung: Pappkärtchen mit unterschiedlichen Entwicklungsstadien der Schlupfwespen werden in der Abenddämmerung in die Bäume gehängt. Die Temperaturen sollten über 15 °C liegen, dann werden die Tiere sofort aktiv.
Kosten: Etwa 25 Euro für ein Kurzzeit-Abo: Geliefert werden viermal je fünf Karten und zwar aktuell passend zur Eiablage der Wickler – das erste Mal kurz nach Beginn des Falterflugs und dann drei weitere Male im Abstand von je 3–4 Wochen. Man rechnet eine Karte für 2–3 Spindelbäume, zwei für einen Halbstamm und drei bis vier für einen Hochstamm.

Raubmilben

Amblyseius spp.

Helfen gegen: Spinnmilben, Thripse.
Raubmilben dieser Gattung werden vorbeugend eingesetzt, da die Raubmilben erst etwas Anlaufzeit benötigen, um sich ausreichend zu vermehren. Dafür haben sie einen hervorragenden Langzeiteffekt, denn sie kommen längere Zeit ohne Nahrung aus. Zur Thripsbekämpfung mit Blautafeln kombinieren.
Anwendung: Tütchen werden in die Pflanzen gehängt, lose Milben werden samt Trägermaterial auf die befallenen Pflanzen gestreut. Raubmilben der Art *A. cucumeris* gegen Thripse laufen bei Temperaturen zwischen 18 und 35 °C und eine Luftfeuchte von 75 % zur Höchstleistung auf. Bei trockener Luft ist die Art *A. californicus* besser geeignet, die zudem Spinnmilben wirkungsvoll bekämpft.
Kosten: Fünf Tütchen *A. cucumeris* kosten rund 10 Euro und reichen für 20 m², 15 Tütchen kosten etwa 15 Euro. 500 Milben der Art *A. californicus* decken etwa dieselbe Fläche ab und kosten als »Streuware« 15 Euro, 1.000 Tiere sind für etwa 23 Euro zu haben.

Phytoseiulus persimilis

Helfen gegen: Spinnmilben im Gewächshaus, an Kübelpflanzen und an Zierpflanzen.
Jede Raubmilbe saugt täglich bis zu fünf Spinnmilben oder 20 Eier aus.
Anwendung: Das in den Behältern befindliche Trägermaterial mit erwachsenen und heranwachsenden Raubmilben wird auf den befallenen Pflanzen verteilt, etwa ein Drittel sollte vorsichtshalber in die Triebspitzen noch nicht sichtbar befallener Nachbarpflanzen gestreut werden. Die Behälter für einige Tage zwischen die Pflanzen stellen, damit auch die letzten Raubmilben herauslaufen können. Eine hohe Luftfeuchtigkeit, etwa durch tägliches Besprühen der Pflanzen mit Wasser, beschleunigt die Vermehrung der Raubmilben, zudem behagt sie den Spinnmilben nicht. Behandlung mit Raubmilben nach zwei Wochen wiederholen.
Kosten: 200 Raubmilben kosten etwa 10 Euro und reichen bei kleineren Zimmerpflanzen für etwa 30 m² Fensterbank. 600 Raubmilben sind für 15 Euro zu haben.

Typhlodromus pyri

Helfen gegen: Obstbaumspinnmilben.
Vorbeugend einsetzen. Eine weibliche Raubmilbe saugt pro Tag etwa zehn Spinnmilben oder deren Eier aus und legt im Laufe ihres Lebens 40 bis 100 Eier.
Anwendung: Die mit je 30–50 Raubmilben

besetzten Filzstreifen bereits im Januar/Februar in die Gehölze hängen.
Kosten: 10 Filzstreifen kosten etwa 18 Euro und reichen für einen großen Obstbaum.

Raubwanzen

Helfen gegen: Zahlreiche Schädlinge speziell auf Pflanzen mit behaarten Stängeln und Blättern wie Tomaten und Auberginen.
Im Profianbau werden *Macrolophus caliginosus* und *M. pygmaeus* gerne gegen Weiße Fliege, Thripse, Spinnmilben, Blattläuse, Tomatenrostmilben und Minierfliegen eingesetzt. Diese Raubwanzenarten brauchen zwar einige Zeit, um schlagkräftige Bestände aufzubauen, halten dann aber viele Schädlinge auf einen Schlag in Schach. Eine Besonderheit ist die anfänglich notwendige Zufütterung: Etwa zehn Wochen lang sollten in zweiwöchigem Rhythmus unbefruchtete Eier von Mehl- oder Getreidemotten *(Ephestia* oder *Sitotroga)* oder von Salinenkrebsen *(Artemia salina)* auf den Pflanzen verteilt werden – etwa 2 g auf 50 m² je Fütterung.
Kosten: 100 Raubwanzen kosten rund 30 Euro und genügen für eine Fläche von 50 m². 500 Raubwanzen sind mit rund 70 Euro bereits deutlich günstiger. Futterkosten: Sterilisierte Motteneier kosten ca. 8 Euro je 10 g. Salinenkrebseier sind als Fischfutter bereits für 1 Euro je 18 g erhältlich.
Anwendung: Ab Anfang März wird in der Dämmerung die Mischung aus Larven und erwachsenen Tieren auf die Pflanzen gestreut – vorausgesetzt die Gewächshaustemperatur liegt bereits über 16 °C, optimale Ergebnisse sind bei mehr als 22 °C zu erwarten.

Räuberische Gallmücken

Helfen gegen: Blattläuse.
Bis zu 50 Blattläuse gehen auf das Konto einer Larve von *Aphidoletes aphidimyza.* Anschließend verpuppt sie sich und vermehrt sich so lange weiter, wie Nahrung vorhanden ist.
Kosten: 200 Puppen reichen für 10 m² und kosten etwa 10 Euro.
Anwendung: unmittelbar nach Auftreten der ersten Blattläuse einsetzen. Die Mischung aus Puppen und mitunter bereits geschlüpften Tieren auf die leicht angefeuchtete Erde geben – an eine schattige, nicht unmittelbar von Gießwasser betroffene Stelle. Die Tiere benötigen eine hohe Luftfeuchte und sind nur bei mehr als 14 h Licht am Tag aktiv, daher ist der gezielte Einsatz im Gewächshaus meist erfolgreicher als im Freiland.

Raubwanzen halten viele Schädlinge im Zaum und kommen auch mit behaarten Pflanzen zurecht.

Unsichtbare Helfer: Nematoden, Viren und Bakterien

Die meisten Nützlinge, auf die Gartenfans zurückgreifen können, sind mit bloßem Auge oder zumindest unter einer Lupe gut zu erkennen. Einige schlagkräftige Spezialtruppen agieren hingegen im Verborgenen. Echte Guerillakrieger sind parasitäre Nematoden – nicht zu verwechseln mit pflanzenschädigenden Nematoden, denen man durch Fruchtfolge und Gründüngung vorzubeugen versucht. Bei den aus dem Profi-Gartenbau stammenden parasitären Nematoden handelt es sich um Arten, die eine aus Gärtnersicht ausgesprochen positive Eigenschaft haben: Die winzigen Fadenwürmer nutzen einige bekannte Schädlinge, um sich in ihnen zu vermehren, sind dabei aber für Menschen und Haustiere vollkommen harmlos. Praktischerweise vermehren sie sich so lange, bis sie keine Schädlinge mehr finden, weshalb sie ausgesprochen effektiv sind.

Einfache Anwendung

In der Regel werden die in Tonmehl gelieferten Nützlinge einfach in die auf der Packung angegebene Menge 15–20 °C warmes Wasser eingerührt und per Gießkanne oder Pflanzenschutzspritze (Düsengröße > 1 mm) verteilt. Bei Gießanwendungen sollte der Boden bereits leicht feucht sein und in den nächsten zwei Wochen nie ganz austrocknen. Da Nematoden empfindlich auf UV-Licht reagieren, erfolgt die Ausbringung am besten abends oder an einem bedeckten Tag, am nächsten Tag haben sich die unsichtbaren Helfer dann ein passendes Versteckt gesucht. Gut zu wissen: Oft werden von Produzentenseite aus 12 °C als mögliche Mindestbodentemperatur angegeben, doch in wissenschaftlichen Versuchen waren gute Ergebnisse erst ab 15 °C zu beobachten. Gekühlt bei 2–6 °C können Nematoden übrigens maximal vier Wochen lang aufbewahrt werden.

Achtung: Wirklich übel nehmen Nematoden den Einsatz chemischer Pflanzenschutzmittel, diese sollten vorsichtshalber schon sechs Wochen vorher nicht mehr verwendet werden.

Bewährte Nematoden-Arten

Steinernema feltiae

Helfen gegen: Apfel- und Pflaumenwicklerraupen, Trauermückenlarven, Ameisen.

Anwendung: Zwischen Ende August und Ende Oktober, wenn sich die Larven von Apfel- und Pflaumenwickler bereits in die Erde oder in Rindenritzen zurückgezogen haben, können Sie den Stammbereich und die Baumscheibe (der Bereich unmittelbar unter der Baumkrone) mit SF-Nematoden spritzen.

Gegen Trauermückenlarven im Gewächshaus, an Zimmer- oder Kübelpflanzen einfach auf die Erde gießen. Bei Ameisen bitte bedenken, dass die Nematoden nicht zwischen geschützten und ungeschützten Arten unterscheiden können. Wirkungsvoll ist in der Regel nur die direkte Behandlung der Nester, bei Ameisenstraßen in

Fugen ist die Fläche zu klein und die Fugen trocknen zu schnell wieder aus.
Kosten: Die kleinsten Verpackungseinheiten kosten 10–15 Euro und beinhalten in der Regel sechs Millionen Nematoden – genug für drei große oder sechs kleine Bäume oder für etwa 12 m² Erdoberfläche. Größere Packungseinheiten sind günstiger.

Phasmarhabditis hermaphrodita

Helfen gegen: Schnecken.
Anwendung: Am besten werden Ackerschnecken der Gattung *Deroceras* erfasst, gegen Wegschnecken sollte in doppelter Konzentration gespritzt werden. Die Nematoden schonen die geschützte Weinbergschnecke. Beste Ergebnisse bringt die Kombination mit einem Schneckenzaun.
Kosten: Eine Packung für 100 m² kostet zwischen 30 und 35 Euro.

Steinernema carpocapsae

Helfen gegen: erwachsene Tiere des Gefurchten Dickmaulrüsslers, Larven von Wiesenschnaken, Haarmücken und Maulwurfsgrillen, Erdraupen, Raupen des Buchsbaumzünslers (noch in der Erprobungsphase).
Anwendung: beste Zeitspanne zur Bekämpfung von Haarmücken: April/Mai. Maulwurfsgrillen: April bis Oktober. Wiesenschnaken: Mitte September bis Mitte November.
Die Ausbringung von Nematoden gegen Buchsbaumzünsler ist noch in der Erprobungsphase, erscheint aber vielversprechend. Bei Auftreten erster Symptome dreimal im Abstand von drei bis vier Tagen spritzen – mit relativ hohem Druck, damit die Buchspflanzen auch innen ausreichend benetzt werden. Je Spritzdurch-

Die Nematoden werden auf einem Trägermaterial wie Tonmehl geliefert und einfach in Wasser eingerührt.

Der gefurchte Dickmaulrüssler lässt sich am besten mit Nematoden bekämpfen.

gang werden 1,5 Millionen Nematoden je Quadratmeter Buchsoberfläche gerechnet.
Gegen erwachsene Dickmaulrüssler werden Käferfallen aus Holz angeboten, deren Nuten mit nematodenhaltigem Gel gefüllt sind. Sobald Sie erste Fraßspuren an Pflanzen entdecken, legen Sie die Fallen mit der Gelseite nach unten an einen schattigen Platz unter den Pflanzen. Sollte das Gel einmal austrocknen, einfach wieder befeuchten. Das Gel wirkt etwa sechs Wochen lang, die Falle kann anschließend aufbewahrt werden, es sind Nachfüllpackungen erhältlich.

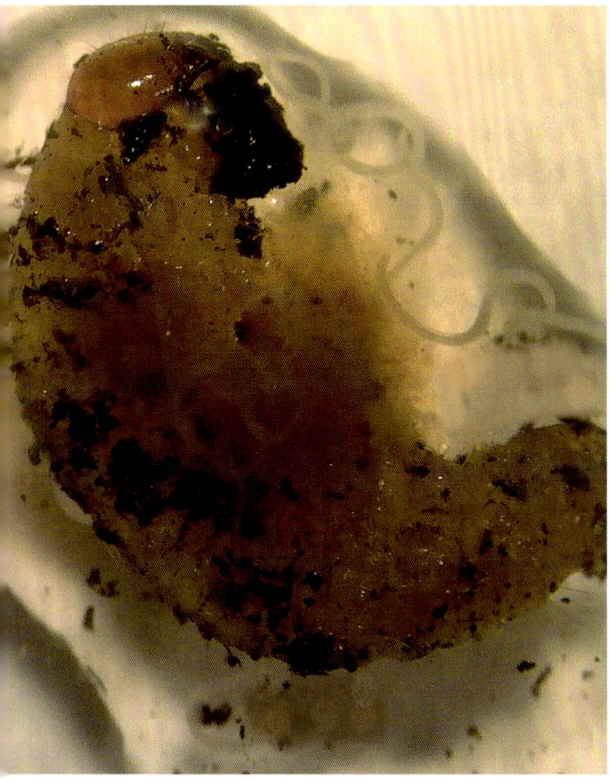

Die Nematoden vermehren sich in der Dickmaulrüsslerlarve und suchen anschließend nach neuer Beute.

Kosten: Um die 25 Euro für 100 m² für 50 Millionen Nematoden. Eine Käferfalle kostet um die 16 Euro und deckt etwa 10 m² ab.

Heterorhabditis bacteriophora

Helfen gegen: Dickmaulrüsslerlarven, Engerlinge von Gartenlaubkäfern, Dungkäfern und Junikäfern.
Anwendung: Gegen Dickmaulrüsslerlarven wenden Sie die Nematoden im April/Mai und im August/September an. Gegen Dungkäfer werden die Nematoden im April/Mai ausgebracht, gegen Gartenlaubkäfer zwischen Juli und Ende September und gegen Junikäfer Mitte August bis Mitte September. Vor der Anwendung gegen Engerlinge im Rasen bitte prüfen, ob es sich auch nicht um die Larven des geschützten Blatthornkäfers handelt!
Kosten: etwa 20 Euro für 100 m².

Steinernema kraussei

Helfen gegen: Dickmaulrüsslerlarven.
Anwendung: Eingesetzt werden sie im April/Mai und im August/September. Nematoden dieser Art machen sich allerdings schon ab Bodentemperaturen von 5 °C auf die Suche nach Larven, wer spät dran ist, kann sie also trotzdem noch ausbringen.
Kosten: etwa 10 Euro für 10 m². Größere Einheiten sind wiederum günstiger, für 100 m² kostet die Packung rund 30 Euro.

Virenalarm auf Bestellung

Viren, Pilze und Bakterien gehören nicht gerade zu den beliebtesten Zeitgenossen, einige von ihnen erfreuen sich unter Gartenfans jedoch großer Beliebtheit.

Apfelwicklergranulovirus

(Cydia pomonella Granulovirus, CpGV)

Hilft gegen: Larven des Apfelwicklers.

Da das Virus auf den Apfelwickler spezialisiert ist, werden Nützlinge hundertprozentig geschont – und natürlich ist es auch für Menschen und Haustiere absolut ungefährlich.

Anwendung: Aus dem mit Viren, Haft- und UV-Schutzmitteln versehenen Präparat wird eine Spritzbrühe hergestellt, mit der die zu behandelnden Apfelbäume zu Beginn der Falterflugs besprüht werden. Die anfangs winzigen Wicklerlarven nehmen die Viren auf, wenn sie beginnen, sich in die Apfelschale zu fressen. Die Viren zersetzen den Darm der Larven und vermehren sich in ihnen, in der Folge stellen die Tiere bereits kurz nach der Aufnahme das Fressen ein und sterben in der Regel innerhalb von 48 h. Die winzige Fraßstelle ist am ausgewachsenen Apfel oft nicht mehr oder kaum noch zu erkennen. Um die Schäden auf dieses Minimum zu begrenzen, müssen die Äpfel bereits benetzt sein, wenn das Gros der Falterraupen schlüpft. Daher sollten bereits im Vorfeld Lockstofffallen aufgehängt werden, um den Zeitpunkt des Falterflugs zuverlässig bestimmen zu können. In der Regel sind zwei bis vier Behandlungen erforderlich, das Mittel ist gekühlt aufzubewahren.

Wichtig: Auch wenn es nützlingsschonend ist, sollte das CpGV nur im Notfall eingesetzt werden, sprich, wenn der Befall im Vorjahr außergewöhnlich stark war. Regelmäßige Anwendungen erhöhen das Risiko, dass die Schaderreger resistent gegen das Virus werden – was regional bereits der Fall war. Die Suche nach neuen Virusstämmen, gegen die noch keine Resistenzen vorhanden sind, ist aufwendig, zeit- und kostenintensiv – und falls sie misslingt, fehlt insbesondere im ökologischen Erwerbsgartenbau ein wichtiges Pflanzenschutzmittel.

Kosten: 5 ml kosten etwa 12 Euro. 1 ml reicht für etwa 5 Hochstammbäume mit einer Kronenhöhe von zwei Metern oder für 35 Spindelbäume mit einer Kronenhöhe von 2,5–3 m.

Bacillus thuringiensis (B.t.)

Hilft gegen: Buchsbaumzünsler, Kleinen und Großen Frostspanner sowie gegen andere Schadschmetterlingsraupen.

Anwendung: *Bacillus thuringiensis* ist ein Bodenbakterium, das kristalline, für freifressende Schmetterlingsraupen giftige Proteine produziert. Diese bewirken einen sofortigen Fraßstopp und lösen nach und nach den Darm der Raupen auf, woran diese nach einiger Zeit sterben. Prinzipiell können durch B.t. auch andere Schmetterlingsraupen geschädigt werden – wobei die in Gemüsebeeten und Obstgehölzen anzutreffenden Raupen größtenteils tatsächlich typische »Schädlinge« sind. Das gilt auch für den Buchsbaumzünsler (siehe S. 121), der sich mit B.t.-Präparaten sehr gut bekämpfen und in Schach halten lässt. Ein VorteiL Die meisten Nützlinge werden geschont.

Wichtig: Auch B.t. sollte nur im Notfall und nicht häufiger als auf der Packung angegeben angewendet werden, da sonst wie bei vielen Pflanzenschutzmitteln das Risiko für resistente Schaderreger steigt.

Kosten: 25 g kosten etwa 13 Euro. Wie viele Quadratmeter damit behandelt werden können, hängt von der Pflanzengröße ab sowie von der Konzentration (gegen Raupen von Eulenarten ist eine höhere Konzentration erforderlich).

Pflanzenschutz konkret

Was hilft dauerhaft gegen Moos im Rasen? Was tun bei einer Blattlausinvasion? Wie verhindert man Maden im Obst? Und können Lilienhähnchen wirklich krähen? Hier gibt es Antworten auf die häufigsten Fragen zu Schaderregern und Pflanzenkrankheiten, viele Tipps zum effektiven Vorbeugen und Wirkstoffempfehlungen für den Notfall. Wer noch nicht genau weiß, welches Problem überhaupt vorliegt: Werfen Sie einen Blick ins Register, dort sind alle Schadbilder auch nach Kulturen geordnet.

So geht's Unkraut an den Kragen – als Erstes im Beet

Im Prinzip ist jede Pflanze ein Unkraut, wenn sie aus Gärtnersicht am falschen Platz wächst. Es hilft aber mitunter, sich auch ihre positiven Eigenschaften bewusst zu machen. Denn der entspannteste Umgang mit störenden Pflanzen ist, sie zumindest an einigen Stellen schlicht zu tolerieren, seien es Gänseblümchen im Rasen oder Brennnesseln hinterm Kompost. Im Beet können manche Arten nicht nur ästhetisch stören, sondern aufgrund ihrer Wuchsstärke auch Kulturpflanzen in Bedrängnis bringen.

Herbizide

Die schnelle Lösung?

Eines gleich vorweg: Herbizide, also Unkrautvernichtungsmittel, haben in Beeten nichts verloren – und zwar nicht nur aus ökologischen Gründen, sondern auch aus gärtnerischer Sicht. Denn auch die teuersten Herbizide unterscheiden nicht zwischen »guten« und »schlechten« Pflanzen, deshalb besteht immer das Risiko, bei der chemischen Unkrautbekämpfung Kulturpflanzen zu schädigen oder zu vernichten. Sogar nachfolgend angebaute Pflanzen können davon noch betroffen sein, denn einige Wirkstoffe bauen sich nur sehr langsam im Boden ab. Um Kollateralschäden zu vermeiden, müsste man also extrem sorgfältig arbeiten, etwa indem man die Pflanzen einzeln mit dem Herbizid bestreicht. Das ist aber so aufwendig, dass man das Pflänzchen ebenso schnell von Hand herausgezogen hat.

Hübsch oder lästig, das ist auch eine Frage der Einstellung. Viele Insekten freuen sich über Wildkräuter.

»Lebendiger Mulch«

Der sicherste Schutz vor Unkraut ist eine geschlossene Bodendecke: Wo Kulturpflanzen dicht an dicht wachsen, haben es selbst hartnäckige Unkräuter schwer, sich anzusiedeln. Kritisch ist also genau genommen nur die Zeit, in der beispielsweise Staudenbeete noch größere offene Flächen aufweisen, etwa im Frühling oder nach einer Neupflanzung. Bei neu angelegten Staudenbeeten kann es empfehlenswert sein, etwas dichter zu pflanzen oder einjährige Sommerblumen einzustreuen, um schnell eine geschlossene Pflanzendecke zu erhalten. Brachflächen, etwa nach dem Hausbau, profitieren von einer Gründüngung, die nicht nur als Platz-

Frustessen oder Gourmetküche: Wildkräutersalat

halter dient, sondern auch noch viele weitere Vorteile hat. Tipp: In fast jedem Garten gibt es »Problemzonen« beim Übergang von Rasenflächen zu Gehölzbereichen. Der Rasen will dort nicht recht sprießen, viele Unkräuter hingegen kommen mit der Wurzelkonkurrenz durch Bäume und Sträucher noch gut klar. Das gilt zum Glück auch für zahlreiche Bodendecker: Im Halbschatten und Schatten bilden zum Beispiel Elfenblume *(Epimedium)*, Waldsteinie *(Waldsteinia)*, Immergrün *(Vinca minor, V. major)*, Dickmännchen *(Pachysandra)* und Wald-Erdbeeren *(Fragaria vesca)* dichte Teppiche und erfreuen zwischenzeitlich mit attraktiven Blüten. In der Sonne können Sie unter anderem auf Steinbrech- und Mauerpfeffer-Arten *(Saxifraga* und *Sedum)*, Fingerkraut *(Potentilla)*, Bleiwurz *(Ceratostigma plumbaginoides)* und verschiedene Storchschnabelarten zurückgreifen.

Mulchfolie

Beim Gemüsebeet gibt es fast die ganze Saison über immer wieder freie Flächen, da die Pflanzen unterschiedliche Entwicklungszeiten haben und durchs Ernten Lücken entstehen. Abhilfe können Sie durch Mulchen schaffen. Insbesondere auf Gemüsebeeten ist wasser- und luftdurchlässige Mulchfolie sehr beliebt: Die Jungpflanzen werden in (vorgestanzte oder selbst hineingeschnittene) Pflanzschlitze gesetzt; da der Rest des Bodens bedeckt bleibt, kann dort auch kein Unkraut aufwachsen. Positive Nebeneffekte: Durch die Folie sinkt die Verdunstung und es muss seltener gegossen werden; auch verschlämmt die Erdoberfläche weniger durch Gießen oder Regen und an den Pflanzenunterseiten haftet weniger Sand an, was beispielsweise bei Salatköpfen ein großer Vorteil sein kann. Insbesondere unter schwarzer Mulchfolie erwärmt sich zudem der Boden schneller – man kann im Frühjahr viele Kulturen ein bis vier Wochen früher pflanzen. Wo zu befürchten steht, dass es Sommer unter einer schwarzen Folie zu heiß werden könnte, ist grüne oder weiße Folie eine Alternative. Während früher Kunststofffolien gang und gäbe waren, greifen viele Pflanzenfans heute zu biologisch abbaubaren Folien, beispielsweise aus Maisstärke, Papier oder Pflanzenfasern wie Jute, Flachs, Kokos oder Sisal. Sie können einfach über die Biotonne entsorgt oder am Saisonende in den Boden eingearbeitet werden, wo sie bis zum Frühjahr verrotten.

TIPP

Notfallhilfe bei Panikattacken: Handschuhe + Hacke. Wer partout ein Herbizid einsetzen möchte: Produkte mit Essigsäure, Pelargonsäure oder Maleinsäurehydrazid verwenden.

Das Entfernen der Unkräuter ist einfacher, wenn die Pflänzchen noch klein sind.

Mulch von Gras bis Kies

Rasenschnitt und Falllaub

Lieber nur 3–5 cm dick im Beet verteilen, dafür aber häufiger erneuern, lautet die Empfehlung für Grasmulch. Den Grünschnitt sollten Sie vorher antrocknen lassen, dadurch wird er für Schnecken uninteressant und verklebt nicht so leicht zu einer luftdichten Schicht. In Sachen Düngung ist Gras das Gegenteil von Stroh und Rindenmulch: Es verrottet schnell und setzt dabei relevante Mengen an Stickstoff frei – immerhin 3–5 % der Trockenmasse. Beim zusätzlichen Düngen ist also gerade bei eher genügsamen Pflanzenarten Zurückhaltung angebracht. Neben Rasenschnitt können Sie auch Falllaub als Mulchmaterial verwerten: Gehäckselt oder gut zersetzt findet es in naturnah gestalteten Beeten und unter Bäumen und Sträuchern sinnvolle Verwendung.

Rindenmulch

Sehr beliebt, weil er optisch eine »saubere« Beetoberfläche herstellt. Wer das schätzt, sollte Produkte wählen, die bereits mit Stickstoff »aufgedüngt« wurden, oder vor dem Mulchen pro Quadratmeter 50 g Hornspäne auf der Beetfläche verteilen. Denn im Gegensatz zu Rindenhumus bindet Rindenmulch Stickstoff, was durch die Düngergabe ausgeglichen wird. Eine dauerhafte Rindenmulchdecke kann den Boden immer mehr versauern lassen.

Stroh

Auch bei Stroh, das gerne im Gemüsegarten und unter Erdbeeren eingesetzt wird, ist eine Ausgleichsdüngung von 50 g Hornspänen pro Quadratmeter sinnvoll. Vorsicht bei Strohabdeckungen in mäusereichen Gebieten, die kleinen Nager fühlen sich in der raschelnden Schicht besonders wohl.

Grundsätzlich ist bei den genannten Mulchmaterialien eine Schichtstärke von 10 cm, besser noch 15 cm notwendig, damit Unkraut zuverlässig unterdrückt wird. Der Pflanzenfuß selbst sollte jedoch frei bleiben, damit kein zu günstiges Mikroklima für Pilze entsteht und Mäuse nicht im Schutz der Mulchschicht an den Pflanzen knabbern.

Anorganische Mulchmaterialien

Kies, Schotter und Splitt wurden in den vergangenen Jahren immer beliebter, aus gärtnerischer Sicht aber leider oft falsch eingesetzt. Prinzipiell kann man mit mineralischen Materialien wunderbar abwechslungsreiche Kiesgärten gestalten, in denen es grünt und blüht, summt und brummt. Das anorganische Material dient hier unter anderem dazu, den meist sehr nährstoffhaltigen Gartenboden »abzumagern«. Ungünstig sind hingegen »Pflanzengräber«, bei denen bis auf einige wenige Ziergräser alles Leben unter einer dicken Kiesschicht erstickt wurde – womöglich noch kombiniert mit einer wasserundurchlässigen Folie, die das darunter befindliche Bodenleben weitgehend zum Erliegen bringt. Gut zu wissen: Mittelfristig erschwert eine Kiesschicht die Unkrautbekämpfung. Zwar wächst kein Kräutlein mehr direkt aus der Erde empor. Nach und nach lagert sich aber genügend Staub ab, um wiederum Unkraut keimen zu lassen. Ohne regelmäßiges Rechen ist es wirklich eine Fuzelarbeit, das sprießende Grün wieder zu entfernen – und der Einsatz von Herbiziden ist auf wasserundurchlässigen Flächen verboten.

Tipp: Wer sich einen abwechslungsreichen Kiesgarten wünscht, sollte sich vorher gründlich informieren oder sich von einem Gartenplaner beraten lassen.

Hacken und jäten

Die Unkrautbekämpfung per Hand und Hacke ist eine klassische und sehr effektive Methode, unerwünschter Pflanzen Herrin oder Herr zu werden – wenn es richtig gemacht wird. Denn Unkraut ist nicht gleich Unkraut: Auf der einen Seite gibt es die Samenunkräuter wie Vogelmiere, Melde oder Hirtentäschel. Ihnen ist durch regelmäßiges Hacken sehr gut beizukommen – rechtzeitig vor der Blüte, denn einzelne Exemplare können mitunter Zigtausende Samen bilden. Gegen Wurzelunkräuter, die den Garten mit ihren Ausläufern subversiv unterwandern, ist Hacken hingegen absolut tabu! Giersch, Disteln, Quecke und Co. können aus jedem im Boden verbleibenden Wurzelstück eine neue Pflanze treiben – Hacken vervielfacht das Problem also.

Die Lösung: Zuerst Wurzelunkräuter möglichst vollständig aus der Erde ziehen. Bei Pflanzen mit besonders langen Rhizomen kann eine Grabegabel oder eine Gierschgabel mit gebogenen Zinken hilfreich sein. Ein Unkrautstecher erleichtert das Entfernen von Pflanzen mit sehr tiefen Wurzeln wie Disteln oder Löwenzahn (der zwar aus seiner gekappten Pfahlwurzel wieder austreiben kann, aber eigentlich als Samenunkraut einzustufen ist). Anschließend mit der Hacke den im Beet verbliebenen Samenunkräuter zu Leibe rücken.

Elfenblumen bilden rasch dichte Bestände. Im Frühling gaukeln zarte Blüten über dem eleganten Laub.

Die wichtigsten Unkräuter auf einen Blick

Es ist schon faszinierend, was sich im Garten alles von ganz alleine ansiedelt – und Kulturpflanzen in Sachen Vitalität oft spielend in den Schatten stellt. Kein Wunder, dass die Rauke (Gourmetdeutsch: Rucola), Löwenzahn und viele andere Wildkräuter früher einen festen Platz auf der Speisekarte hatten und teils sogar in Sorten gezüchtet wurden.

Vogelmiere *(Stellaria media)*

Wer die frischgrüne Pflanze mit den weißen Sternenblüten bei sich entdeckt, kann sich freuen, denn sie zeigt lockeren, humus- und nährstoffreichen Boden an. Das einjährige Samenunkraut ist leicht zu jäten und darf in kleinen Mengen in den Salat.

Ehrenpreis *(Veronica)*

Das Samenunkraut trägt hübsche hellblaue Blüten und wächst auf lockeren, nährstoffreichen Lehmböden. Häufige Arten: Persischer und Efeublättriger Ehrenpreis *(V. persica, V. hederifolia;* einjährig), Gamander-Ehrenpreis *(Veronica chamaedrys;* mehrjährig).

Weißer Gänsefuß *(Chenopodium album)*

Das wüchsige Samenunkraut liebt nährstoffreiche Böden und wird mannshoch und größer. Beizeiten jäten ist angesagt, auch da die einjährige Pflanze später eine kräftige Pfahlwurzel bildet. Gut für die Wildkräuterküche, liefert viel Pflanzenmasse!

Behaartes Schaumkraut

Cardamine hirsuta sprießt zuverlässig auf gut versorgten, frischen bis feuchten Böden. Hat es eine angenehme Größe erreicht, lässt es sich leicht herausziehen und als Kresseersatz verwenden. Zur Blüte sollte das Samenunkraut besser nicht kommen.

Giersch *(Aegopodium podagraria)*

Mit seinen meterlangen, fein verzweigten Rhizomen ist das mehrjährige Wurzelunkraut der Schrecken vieler Gärtner. Niemals hacken, sondern mit einer Grabe- oder Gierschgabel aus dem Boden ziehen. Stickstoffanzeiger. Kann wie Spinat zubereitet werden.

Acker-Kratzdistel *(Cirsium arvense)*

Sie ist eine der häufig im Garten anzutreffenden Distelarten und zeigt schwere, nährstoffreiche, zu Verdichtungen neigende Böden an. Der mehrjährige Tiefwurzler breitet sich über Ausläufer aus, seine violetten Blüten spenden reichlich Nektar und Pollen.

Kriechender Hahnenfuß *(Ranunculus repens)*

Mit seinen langen Ausläufern erobert das mehrjährige Wurzelunkraut rasch große Flächen. Da er eine Zeigerpflanze für verdichtete, feuchte Böden ist, hilft es, den Boden nach dem Jäten zu lockern und reichlich Sand einzuarbeiten.

Quecke *(Elymus repens)*

Wo der Boden reich an Stickstoff ist, sind Quecken nicht weit. Früher wurde aus dem Gras Bier gebraut, heute stellt man besser eines kalt, ehe man sich ans Jäten macht, denn das ausläuferbildende Samen- und Wurzelunkraut fordert auch fitte Gärtner heraus.

Acker-Schachtelhalm *(Equisetum arvense)*

Schachtelhalme besiedeln feuchte Böden seit dem Erdaltertum, was juckt sie da ein aufgebrachter Gärtner. Das ausbreitungsfreudige mehrjährige Wurzelunkraut loszuwerden ist schier unmöglich – es taugt aber immerhin als Pflanzenstärkungsmittel.

So geht's Unkraut an den Kragen – im Rasen

Zugegeben, so ein sattgrüner Englischer Rasen macht schon etwas her und kann optisch einen reizvollen Kontrast zu quirligen Stauden- und Sommerblumenbeeten bilden. Er erfordert aber auch mindestens so viel Ausdauer, wie sie die Engländer angeblich beim Schlangestehen aufbringen. Denn bis auf die von Tieren hervorgerufenen Schäden gehen ausnahmslos alle gängigen Rasenprobleme auf einen ungünstigen Standort oder eine suboptimale Pflege zurück. Die ist gar nicht mal so kompliziert, man muss »nur« konsequent am Ball bleiben, aber eben daran scheitern viele Gartenfreunde in der Praxis. Deshalb ist es sicher nicht der schlechteste Ansatz, wenn man seine Ansprüche von vornherein etwas herunterschraubt und den »makellosen Rasen« vielleicht eher als Projekt für die Rentenzeit definiert – so macht das Grün auch mit weniger Pflege und dem einen oder anderen Gänseblümchen Freude.

Rasensaatgut enthält eine Mischung verschiedener Gräserarten. Die passende Mischung ist die halbe Miete.

Die Mischung macht's

Rasensaatgut beinhaltet stets verschiedene Gräserarten, und die haben teils sehr unterschiedliche Ansprüche an die Licht-, Wasser- und Nährstoffversorgung. Wer beispielsweise zu einer Zierrasenmischung greift, kann bei entsprechender Pflege einen besonders feinen, dichten Rasen erzielen, muss aber mit einem höheren Pflegeaufwand und geringerer Belastbarkeit rechnen als beispielsweise bei einem Spielrasen. Spiel-, Sport- oder Strapazierrasenmischungen sind genau das Richtige, wenn im Garten regelmäßig Kinder herumtoben oder auch die Erwachsenen gerne mal zum Frisbee oder zu den Badmintonschlägern greifen. Auf Flächen, die wenig Sonne abbekommen, ist ein Schattenrasenmix die richtige Wahl, denn die verwendeten Gräser gedeihen auch mit weniger Licht gut – wohingegen andere Arten im Halbschatten oder Schatten kümmern und sich leicht von Moos und anderen Unkräutern verdrängen lassen würden. Verzichten sollten Sie vorsichtshalber auf auffallend günstige Saatgutmischungen wie den 'Berliner Tiergarten'. Sie enthalten meist einen hohen Anteil an Gräsern, die zwar sehr schnell, aber wenig dicht wachsen – das ist doppelt ungünstig, denn man muss häufiger mähen, und in den Lücken machen sich rasch Unkräuter breit. Recht neu sind Rasenmischungen, die sogenannten Mikroklee enthalten – eine besonders kleinblättrige und robuste Weißkleesorte, die sehr trockenheitsverträglich ist. Wer sich auf diese Weise den »Feind« Klee zum Freund macht, profitiert davon gleich dreifach: Der Mikroklee bildet auch in trockenen Sommern dichte, frischgrüne Flächen, beschattet gleichzeitig die Rasengräser und den Boden, wodurch die Verdunstung sinkt, und düngt sich ein Stück weit auch noch selbst. An den Kleewurzeln sitzen nämlich Knöllchenbakterien, die Luftstickstoff binden und den Gräsern als pflanzenverfügbare Nährstoffe zur Verfügung stellen.

Aussaat

Gründlich vorbereiten

Je besser die Startbedingungen für die Rasengräser, desto schneller bilden sie eine dichte Fläche und desto weniger Chancen haben Unkräuter. Mai und September sind für die Rasenneuanlage besonders geeignet, denn in diesen Monaten ist der Boden leicht warm, aber in der Regel nicht zu trocken. Und man kommt nicht so ins Schwitzen, wenn der Boden für die Aussaat vorbereitet wird, denn das ist nicht unanstrengend. Als Erstes wird die Erde gelockert – bei kleineren Flächen mit Spaten, Grabegabel und Hacke, bei großen Flächen mithilfe einer Motorfräse, die man im Baumarkt leihen kann. Ganz wichtig: Neben Steinen, Murmeln und was sich sonst noch an Unerwünschtem oder Kuriosem im Erdreich findet, sollten Sie vor allem Reste von Wurzelunkräutern sehr sorgfältig auslesen. Jeder Handgriff, den Sie jetzt tun, spart Ihnen zig Handgriffe in der Zukunft. Anschließend wird die Fläche erneut mit der Hacke gelockert, dann ebnen Sie den Boden mit einer Harke oder ziehen die Erde mit einer langen Holzleiste glatt. Empfehlenswert ist es, den Boden zudem mit selbst gebauten Trittbrettern unter den Füßen oder mit einer Handwalze aus dem Baumarktverleih zu planieren, denn dadurch werden größere Unebenheiten sichtbar und können ausgeglichen werden. Dann heißt es: Saatgut und einen Startdünger verteilen, flach einrechen und schließlich gründlich angießen – mit einer feinen Düse, damit die Samen nicht weggeschwemmt werden. Ein Tipp fürs gleichmäßige Verteilen: Wer keinen Streuwagen hat, sondern von Hand aussät, sollte Saatgut und Dünger mit einer ausholenden Handbewegung wie beim Frisbeespielen von sich schleudern. Nach der Aussaat sollten Sie die Fläche drei Wochen lang nicht austrocknen lassen – und wenn die Halme eine Höhe von 8 cm erreicht haben, kommt der feierliche Augenblick, da zum ersten Mal gemäht werden darf.

TIPP

Zum Standort passende Rasenmischung wählen und optimale Wachstumsbedingungen für die Rasengräser schaffen. **Notfallhilfe bei Panikattacken:** Moosvernichter mit Eisen-II-Sulfat

Mähen

Wie oft und wie tief?

Faustregel Nr. 1: Zwischen März und Ende Oktober mindestens einmal wöchentlich mähen, in der Hauptwachstumszeit im Mai/Juni bei Bedarf sogar alle drei bis vier Tage. Prinzipiell sollte man den Rasen schlicht im Blick behalten. In einem milden Winter beispielsweise kann es durchaus sinnvoll sein, auch im November oder Februar zum Rasenmäher zu greifen, falls die Gräser entsprechend an Länge zugelegt haben. Gut zu wissen: Rasenmähen ist nicht nur eine Frage der Optik, sondern hält auch insbesondere Samenunkräuter in Schach, da sie regelmäßig gekappt werden, ehe sie blühen und sich versamen können.

Faustregel Nr. 2: Eine Schnitthöhe von 4–5 cm bekommt den meisten Rasenmischungen sehr gut. 5 cm sind der Richtwert für Zeiten anhaltender Trockenheit, für die Winterpause und – ganzjährig – für Schattenrasen. Wem das zu hoch vorkommt: Probieren Sie es dennoch aus, die meisten Rasenflächen werden viel zu kurz gemäht und erleben nach einer Umstellung einen echten Aufschwung!

Faustregel Nr. 3: Die Grashalme möglichst nicht stärker als um ein Drittel einkürzen. Bei einem 6 cm hohen Rasen sollte am Mäher also eine Schnitthöhe von 4 cm eingestellt sein.

TIPP

Wer besonders schweren Boden hat, sollte bereits im Zuge der Bodenvorbereitung reichlich Sand einarbeiten – und zwar sogenannten gewaschenen Sand, bei dem die Feinanteile zuvor ausgespült wurden. Sowohl schwere als auch sandige Böden profitieren zudem von Kompostgaben (siehe S. 41). In besonders trockenen Gartenbereichen kann es sich lohnen, Wasserspeichergranulat in den Boden einzuarbeiten – 10 kg schlagen mit etwa 70 Euro zu Buche und reichen für eine Fläche von 125 m^2.

Wässern

Seltener, aber intensiv

Regelmäßiges Wässern ist für einen dichten Rasen unerlässlich, damit keine trockenen, sofort vom Unkraut vereinnahmte Stellen entstehen. Statt aber jeden Tag ein bisschen zu gießen, sollten Sie Ihren Rasen selbst bei anhaltender Trockenheit nur zwei- bis dreimal wöchentlich wässern – dann aber mindestens 30 min lang beziehungsweise mit 10–15 l/m^2. Auf diese Weise kommt das Wasser auch in den tieferen Bodenschichten an, während es bei kurzem oberflächlichem Wässern rasch wieder verdunstet. Greifen Sie nach Möglichkeit am frühen Morgen oder abends zu Brause oder Rasensprenger – auf keinen Fall jedoch mittags, denn in der prallen Sonne verdampft das meiste Wasser ungenutzt. Zudem können die Wassertropfen wie Brenngläser wirken und den Gräsern einen üblen Sonnenbrand verpassen.

Düngen

Häufiger als gedacht

Der Rasen ist eine regelmäßig »beerntete« Fläche, entsprechend viel Dünger muss man ihm

Rasen, der mit Mährobotern gemäht wird, hat etwas andere Nährstoffansprüche als normaler Rasen. Das Schnittgut bleibt größtenteils auf der Fläche, es muss also weniger gedüngt werden. Im Handel gibt es spezielle Dünger.

von außen wieder zuführen – im März/April und im Juli/August mit einem »normalen« Rasendünger, Mitte/Ende Oktober mit einem Herbstdünger. Letzterer enthält besonders viel Kalium, das für starke Zellwände sorgt und die Salzkonzentration in den Zellen erhöht – optimale Voraussetzungen für eine gute Winterhärte. Auch beim Düngen sollte man darüber hinaus das Klima im Blick behalten: Ist es so warm, dass auch im Spätherbst und Winter gelegentlich gemäht werden muss, kann eine weitere Herbst-Düngergabe sinnvoll sein – insbesondere wenn die Gräser bereits eher gelb als grün aussehen und diese Symptome nicht auf Licht- und Luftmangel durch eine geschlossene Laub- oder Schneedecke zurückgehen.

Bei Mulchmähern rieseln die fein gehäckselten Grashalme wieder zurück auf den Rasen und werden von Mikroorganismen nach und nach zersetzt, die Nährstoffe gelangen also wieder zurück in den Kreislauf. Ganz sollte man dennoch nicht auf Dünger verzichten, insbesondere im Frühjahr, wenn die Erde noch kalt ist und die Bodenlebewesen weniger aktiv sind. Genaueren Aufschluss über den Nährstoffgehalt der Rasenfläche liefert eine Bodenuntersuchung durch ein Bodenlabor. Dabei erhalten Sie passende Düngeempfehlungen und werden auch gleich noch über den pH-Wert des Bodens informiert – gut zu wissen, denn ein pH-Wert unter 5,5 ist für Rasengräser ungünstig und fördert somit Unkrautansiedlungen.

TIPP

Um das Bodenleben anzuregen und den pH-Wert vor dem Absinken zu bewahren, können Sie bereits im Februar/März eine dünne Schicht Kompost auf dem Rasen verteilen (1–2 l/m²).

Entfilzen und Belüften

Es sieht aus wie ein Massaker, tut dem Rasen aber gut und hilft vor allem gegen Moos: Fahren Sie nach dem ersten Mähen im Frühjahr einmal längs und einmal quer mit dem Vertikutierer über den Rasen. Die Messerwalze reißt zum einen Moos und alten Rasenfilz heraus (und zwar oft erstaunliche Mengen), die anschließend zusammengerecht und kompostiert werden. Darüber hinaus ritzen die Messer des Vertikutierers die Grasnarbe etwa 2 mm tief ein – perfekte Voraussetzungen, um gewaschenen, also von Feinanteilen befreiten, Sand auszustreuen. 1–2 cm dick sollte die Sandschicht schon sein. Sie wird mit dem nächsten Regenguss in die Erde geschwemmt und verbessert die Belüftung der Graswurzeln sowie den Wasserabzug – gut für die Gräser, schlecht für Moos. Zusätzlich können Sie mit einem auch als Rasenlüfter bezeichneten Aerifiziergerät um die etwa 2 cm breite und bis zu 10 cm tiefe Löcher in den Boden bohren, die ebenfalls mit Sand verfüllt werden.

Wo der Boden dauerhaft sehr feucht bis nass ist, reichen diese Maßnahmen nicht aus. Damit gängige Rasenmischungen eine Chance haben, müssten solche Böden mit aufwendigen Dränagesystemen entwässert werden. Da ist es in der Regel einfacher und günstiger, die Rasenfläche in Staudenbeete umzuwandeln und feuchtigkeitsliebende Pflanzen zu setzen.

Herbizide

Nur bedingt Problemlöser

Rasengräser sind sogenannte einkeimblättrige Pflanzen, die meisten Unkräuter hingegen sind zweikeimblättrig. Diesen Unterschied nutzen speziell für Rasenflächen bestimmte Herbizide: Die Gräser werden geschont, alles andere vernichtet, meist, indem sie sich durch die angewendeten Wirkstoffe »zu Tode wachsen«.

Was gut klingt, hat allerdings einige Haken, angefangen bei den Ursachen der Probleme: Falsche Rasenmischung, Nährstoffmangel, Lichtmangel, Bodenverdichtungen – die Ursachen für den Unkrautaufwuchs bleiben bestehen, in der Folge kehren auch die Unkräuter nach kurzer Zeit zurück. Wer also einen makellosen Rasen nicht Jahr für Jahr mit literweise Herbiziden erkaufen möchte (was mit Gärtnern nichts mehr zu tun hat), kommt um eine besser Pflege oder auch die Neuanlage mit einer besser passenden Gräsermischung nicht herum. Darüber hinaus kommt die Mehrzahl der angebotenen Herbizide nicht nur den Geldbeutel des Anwenders, sondern im Fall von Anwendungsfehlern auch die Umwelt teuer zu stehen, insbesondere auf Gartenteiche und andere Oberflächengewässer sowie auf das Grundwasser haben viele Wirkstoffe massive Auswirkungen. »Unkrautvernichter« können zudem nahezu alle Kulturpflanzen schädigen oder abtöten, wenn

Nach dem Vertikutieren sieht der Rasen ziemlich gerupft aus – es hat jedoch vor allem Moos erwischt.

Regelmäßiges Mähen ist wichtig, stellen Sie die Schnitthöhe aber nicht niedriger als 4 cm ein.

sie mit ihnen in Kontakt kommen, denn bei den meisten Kulturpflanzen handelt es sich genau wie bei den Unkräutern um zweikeimblättrige Pflanzen. Dient der Rasen als Spielfläche für Kinder oder Haustiere, heißt es bei vielen Produkten nach der Anwendung erst einmal: Spielen verboten, mindestens bis nach dem ersten Mähen – für die volle Wirkung sollte das je nach Mittel übrigens erst nach einer vorgegebenen Mindestanzahl von Tagen erfolgen.

Der einzige Wirkstoff, der aus ökologischer Sicht als vertretbar eingestuft werden kann, ist Eisen-II-Sulfat gegen Moos – allerdings nur, solange keine weiteren Wirkstoffe zugesetzt sind! Achten Sie auf die Angaben der Inhaltsstoffe auf der Verpackung.

Unkraut und Moos ohne Herbizide bekämpfen

Einige Wildkräuter wie Schafgarbe und Ehrenpreis gehen automatisch zurück, wenn der Rasen mindestens einmal wöchentlich gemäht wird. Hartnäckiger sind Löwenzahn, Gänseblümchen, Wegerich und andere Arten, die flache Rosetten bilden und unter den Messern des Rasenmähers regelrecht wegtauchen. Sie lassen sich jedoch mit einem Unkrautstecher gut entfernen – am besten nach einem ordentlichen Regenguss, wenn der Boden nicht mehr völlig aufgeweicht, aber noch feucht ist. Recht komfortabel sind Unkrautstecher, die man im Stehen betätigen kann. Bei manchen Geräten wird das aufgenommene Unkraut anschließend mit einer Handbewegung wieder freigegeben, die an das Durchladen eines Repetiergewehrs erinnert – ein Prozedere, das ganz im Ernst sogar Spaß machen kann.

Über Weißklee im Rasen kann man sich eigentlich freuen, da er schön dicht wächst und der Fläche auch bei Trockenheit ein frischgrünes Aussehen verleiht (siehe auch Stichwort Mikroklee auf S. 83). Wer ihn dennoch lieber loswerden möchte, sollte auf das Vertikutieren der betroffenen Stellen vorübergehend verzichten, da sich der Klee andernfalls noch stärker ausbreiten würde. Stattdessen sollten Sie den Rasen künftig weniger tief abmähen und regelmäßig düngen.

Größere Unkrautnester trägt man am besten flächig mit dem Spaten ab und sät anschließend nach. Ist bereits mehr Unkraut als Rasen vorhanden, sollte man über eine Neuanlage nachdenken – oder den Standpunkt ändern und sich über einen nützlingsfreundlichen Wildkräuterrasen freuen. Wo Moos das Hauptproblem darstellt, heißt es vertikutieren, Sand einarbeiten und gegebenenfalls nachsäen. Außerdem sollten Sie die Schnitthöhe dauerhaft anheben und häufiger düngen.

Haufenweise Ärger

Maulwurfshügel

Der Erdaushub von Meister Grabowski sorgt immer wieder für erhitzte Gemüter, insbesondere wenn die Hügel im sorgsam gepflegten Rasen erscheinen. Der Baumeister selbst steht jedoch unter Naturschutz, weshalb ihm keines seiner samtigen Härchen gekrümmt werden darf. Die Verwühlprobe hilft dabei, Maulwurfs-

Wo die Standortbedingungen für Rasengräser verbessert werden, haben Moos und Rasenunkräuter keine Chance.

von Wühlmausgängen zu unterscheiden. Ähnlich wie bei Wühlmäusen gibt es keine Duftstoffe, die den Maulwurf sicher vertreiben. Lärm oder Erschütterungen zu erzeugen ist ebenfalls nicht zuverlässig, aber einen Versuch wert. Die wirklich guten Nachrichten: Im Gegensatz zu Wühlmäusen interessieren sich Maulwürfe nicht für Pflanzenwurzeln, dafür aber für Engerlinge, was passionierten Rasenfreunden eigentlich sehr entgegenkommen müsste. Auch Schnecken stehen auf ihrer Speisekarte und Wühlmäuse werden als unliebsame Konkurrenz im Buddelgewerbe umgehend vertrieben.

Als Rotspitzigkeit wird eine der häufigsten Pilzkrankheiten auf Rasenflächen bezeichnet.

Rasenkrankheiten

Wenn von Rasenkrankheiten die Rede ist, sind in der Regel Pilzkrankheiten gemeint. Dagegen sind chemische Mittel weder zugelassen noch erforderlich: Bei guter Pflege treten die gängigen Pilze erst gar nicht auf oder verschwinden rasch von selbst.

Rotspitzigkeit

Wenn sich rote Blattspitzen ins Grün mischen, die bei genauem Hinsehen an kleine Geweihe erinnern, ist meist der Pilz *Laetisaria fuciformis* dafür verantwortlich. Besonders auffällig sind die rosafarbenen »Wattebäusche«, die bei feuchter Witterung zwischen den Gräsern kleben. Mit regelmäßigem Düngen und Vertikutieren können Sie gegensteuern.

Schneeschimmel

Wie der Name schon verrät, ist das watteartige graue bis rosafarbene, oft faulende Pilzgeflecht des Erregers *Microdochium nivale* meist im Herbst und Winter im Rasen zu finden. Begünstigt wird der Befall durch Sauerstoffmangel und eine hohe Luftfeuchtigkeit. Unter einer Laub- oder Schneedecke findet der Pilz daher optimale Bedingungen vor. Wer Herbstlaub vom Rasen entfernt, im Oktober einen kaliumhaltigen Herbstdünger ausbringt und die Gräser im März mit einem »normalen« Rasendünger stärkt, wird selten ein Problem mit Schneeschimmel haben.

Hexenringe

So werden verfärbte oder vertrocknete, außen oft von oberirdischen Pilzkörpern bestandene Ringe im Gras genannt. Sie bilden nicht nur wie von Zauberhand einen nahezu perfekten Kreis, man scheint bisweilen auch magische Kräfte zu benötigen, um sie wieder loszuwerden. Gleich mehrere Pilzarten können Hexenringe verursachen, indem sie ihr Myzel genanntes Geflecht unterirdisch von einem Punkt aus gleichmäßig in alle Richtungen schieben. Die Bekämpfung erfordert Handarbeit: Vertikutieren Sie den betroffenen Bereich regelmäßig und stoßen Sie zusätzlich mit einer Grabegabel im ganzen Kreis immer wieder tief in den Boden, um ihn zu belüften und das Pilzgeflecht zu zerstören. Anschließend bringen Sie nach Packungsanleitung eine Portion Rasendünger aus und lassen den Boden für einige Wochen nie ganz austrocknen. Helfen auch wiederholte Behandlungen nicht, bleibt nur ein Bodenaustausch – 30 cm tief auf einer Breite von 60 cm zu jeder Seite des Rings, den die Hutpilze bilden.

Die schlechte Nachricht: Bei einer hohen Luft- und Bodenfeuchte sieht eine ganze Reihe von pilzlichen Schaderregern ihre Chance gekommen und heftet sich an die Rasengräser. Die gute Nachricht: Sie können allen auf einmal vorbeugen beziehungsweise ihnen entgegenwirken. Das Grundrezept: 1. Bodenverdichtungen beseitigen. 2. Boden regelmäßig belüften, anschließend Sand ausbringen. 3. Für die Nachsaat eine passende Rasenmischung auswählen.

- **Gelbe, braune oder schwarze Pusteln.** Sind deutlich abgegrenzte Pusteln auf den Grashalmen zu erkennen, leiden sie unter Rost, der von *Puccinia*-Pilzen hervorgerufen wird.
- **Dunkle Blattflecken mit trockener Mitte.** Scharf umrissene Blattflecken, die in der Mitte bereits vertrocknen, gehen meist auf die Erreger *Drechslera* spp., *Bipolaris* spp. oder *Curvularia* spp. zurück.
- **Mehliger Belag.** Echter Mehltau *(Erysiphe graminis)* betrifft vor allem Schattenlagen.
- **Faulende und absterbende Gräser.** Wenn nicht der Schneeschimmel dafür verantwortlich ist, sind meist *Pythium*-Pilze die Verursacher. Betroffen sind in erster Linie junge Gräser, die sich aufgrund einer zu dichten Aussaat nicht behaupten können und damit »leichte Beute« sind.
- **Hutpilze.** Auch ohne Hexenringe können bei feuchtwarmen Bedingungen hier und da einmal Hutpilze im Rasen erscheinen. Hier helfen Absammeln und ebenfalls die oben empfohlenen Gegenmaßnahmen.

Engerlinge

Zarte Rasenwurzeln sind für einige Gartenbesucher eine Delikatesse, etwa für den Nachwuchs von Gartenlaubkäfer, Junikäfer, Maikäfer und Dungkäfer. Die auch als Engerlinge bezeichneten dicken, weißen Larven treiben sich zunächst für zwei bis vier Jahre in den Katakomben des Gartens herum, ehe sie ihre optisch deutlich ansprechendere Käfergestalt annehmen. Zu Beginn ihrer Jugendphase ernähren sich die 5–7 cm großen Larven von verrottendem Pflanzenmaterial, später von Pflanzenwurzeln – sehr zum Ärger des Gärtners, denn in der Folge lassen sich mitunter ganze Rasensoden einfach abheben oder sie trocknen ein.

Engerlinge mögen keine Bodenbearbeitung, weshalb Sie ihnen in Beeten durch regelmäßiges Hacken vorbeugen können, im Rasen durch Vertikutieren. Wo sie dennoch massenhaft auftreten, kann man sie mithilfe parasitärer Nematoden der Art *Heterorhabditis bacteriophora* (siehe S. 70) einfach und nachhaltig bekämpfen – chemische Pflanzenschutzmittel sind ohnehin nicht zugelassen. Zuvor sollte man sich in jedem Fall von einem Pflanzenschutzexperten (siehe Anhang) beraten lassen, denn zu den Blatthornkäfern zählen auch geschützte Arten, etwa der Nashornkäfer oder der Goldglänzende Rosenkäfer. Auch Maikäfer-Freunde sollten erwägen, ihnen ein Stückchen Rasen zu gönnen – oder sie bieten einzelnen, im Beet gefundenen Exemplaren Asyl auf dem Kompost an, wo sie sich gerne eingraben und aktiv zum Abfallrecycling beitragen. Denn ohne Engerling auch kein Herr Sumsemann.

Wiesenschnaken

Wiesenschnaken laben sich gelegentlich an Rasenwurzeln. Gemeinsam mit dem Gärtner, dem größere kahle Stellen im Grün auffallen, werden oftmals Amseln und andere Vögel auf die Invasion aufmerksam: Sie picken im März und April nach den dicht unter der Bodenoberfläche lebenden 1–4 cm großen Larven, die optisch an kleine graue Tönnchen erinnern.

Wer einen Wiesenschnakenbefall feststellt, sollte den (feuchten) Rasen am besten noch Anfang März mit Kalkstickstoff düngen – 30–40 g/m^2 können die Population deutlich verringern, wirken allerdings nur gegen noch junge, empfindliche Larven. Dieser Dünger setzt giftiges Cyanid frei, das die unliebsamen Besucher abtötet. Mitte September können Sie zudem parasitäre Nematoden der Art *Steinernema carpocapsae* ausbringen.

Wo auffällig viele Vögel im Rasen picken, finden sich oft die tönnchenförmigen Larven der Wiesenschnake.

Haarmücken

Sowohl die kleinen schwarzen Mücken als auch ihre wurmartigen Larven sind stark behaart. Erwachsene Haarmücken (die übrigens nicht stechen) ernähren sich von Blütennektar und sind wichtige Bestäuber. Ihr Nachwuchs hat aus Gärtnersicht leider deutlich schlechtere Manieren, denn er vergreift sich gerne an den zarten Gräserwurzeln; vergilbte Stellen im Rasen zeugen vom Appetit der heranwachsenden Generation. Aussitzen, nachsäen und mit Blick zum Obstbaum nachsichtig lächeln ist die eine Methode, damit umzugehen. Alternativ kann man die Rasselbande von parasitären Nematoden der Art *Steinernema carpocapsae* auf die dicken Larven loslassen.

So geht's Unkraut an den Kragen – auf befestigten Flächen

Viele Wildkräuter sind echte Großstadtrebellen, sie trotzen kaltem Stein, winterlichen Salzeinträgen sowie den Redakteuren der örtlichen Hundezeitung und finden selbst in asphaltierten Flächen noch eine Lücke. Im besten Fall zaubert das trotzige kleine Hornveilchen dem einen oder anderen Passanten ein Lächeln auf die Lippen, mitunter wirken verunkrautete Flächen aber auch einfach nur verwahrlost. Um unliebsame Pflänzchen loszuwerden, dürfen Sie vieles versuchen, aber: Befestigte Flächen mit Herbiziden freizuspritzen, ist gesetzlich verboten! Wer Unkrautvernichter oder andere Pflanzenschutzmittel auf Bürgersteigen, Garagenzufahrten, Terrassen und anderen befestigten Flächen einsetzt, muss mit Bußgeldern bis zu 50.000 Euro rechnen! Die scharfen Regeln haben ihre Berechtigung, denn von befestigten Flächen werden Pflanzenschutzmittel spätestens mit dem nächsten Regen abgeschwemmt. Dadurch können sie auf benachbarte Grünflächen, in Heckenpflanzungen oder auf Baumscheiben gelangen und die Pflanzen schädigen oder zum Absterben bringen. Am verheerendsten sind die Auswirkungen jedoch, wenn die Mittel in Gewässer oder direkt in den nächsten Gully gelangen, denn dadurch sind ganze Ökosysteme und unser kostbarstes Lebensmittel bedroht, das Trinkwasser.

Ein Fugenkratzer oder ein altes Küchenmesser ist eine günstige Methode, um Fugen von Unkraut zu befreien.

Um Belastungen mit Pflanzenschutzmitteln zu vermeiden, muss das Trinkwasser aufwendig gereinigt werden. Das verursacht immense Kosten, die letztlich die Wasserverbraucher tragen müssen. In manchen Fällen hat es sich sogar als unmöglich erwiesen, Rückstände vollständig aus dem Trinkwasser zu filtern. Ein Beispiel hierfür ist der Wirkstoff Atrazin. Er wurde 1991 verboten, weil er zu hohen Trinkwasserbelastungen geführt hatte, doch selbst heute, 25 Jahre später, ist Atrazin vielerorts noch im Grund- und Trinkwasser nachweisbar.

Unkraut vorbeugen

mit Köpfchen

In breiten Fugen mit lockerem Füllmaterial haben Unkräuter leichtes Spiel, in engen Fugen mit sehr dichter Füllung hingegen können sie nur schwer Fuß fassen. Bei unkrauthemmendem Pflastersand sitzen die extra feinen Sandkörnchen so kompakt zusammen, dass Unkraut kaum eine Chance hat. Dichter als dicht werden die Fugen mit Zement oder Kunstharz. Wer Wege oder Sitzplätze aus Kies plant, sollte an ein Unkrautvlies zwischen Unterbau und Kies denken. Harken Sie die Fläche außerdem regelmäßig, um im angewehten Staub aufkeimende Pflanzen im Keim zu ersticken.

Unkraut entfernen

… mit Muskelkraft …

Lieber regelmäßig ein bisschen was machen oder alle paar Wochen eine Hauruckaktion – Sie haben die Wahl. Am einfachsten ist es, den Bürgersteig, die Terrasse oder die Garagenauffahrt regelmäßig mit einem festen Straßenbesen oder einer speziellen Fugenbürste mit Stahlbürsten abzukehren. Auf diese Weise werden angewehter Staub und Unkrautsamen zumindest teilweise entfernt und gerade gekeimte und daher noch empfindliche Unkräuter einfach weggeschrubbt.

Alternativ kann man bereits aufgewachsenem Unkraut ganz klassisch mit einem Fugenkratzer zu Leibe rücken. Ob man ein Modell bevorzugt, mit dem man im Stehen arbeiten kann, oder doch lieber in die Knie geht, hängt von den persönlichen Vorlieben und vom Pflaster ab – bei sehr kleinteiligem Pflaster landet der Fugenkratzer mit Stiel ganz schnell in der Ecke.

Gießen statt kratzen, auch das ist eine Möglichkeit: Kochendes Wasser tötet insbesondere junge Samenunkräuter zuverlässig ab; anschließend können sie herausgezogen oder abgekehrt werden. Bei größeren Exemplaren oder Wurzelunkräutern müssen Sie das Prozedere möglicherweise einige Male wiederholen, dafür ist die Methode simpel und gelenkschonend.

… oder technischer Unterstützung

Einen Auftritt à la Ghostbusters legen Sie mit einem Abflammgerät hin. Abflammgeräte sind bereits relativ günstig zu bekommen und ausgesprochen effektiv. Wer nach einer komfortablen Lösung sucht, ist hiermit bestens bedient. Sie müssen übrigens keine Pflanzenkohle produzieren, ein kurzes Draufhalten mit der Flamme genügt, dann halten auch die Gaskartuschen länger.

Hochdruckreiniger eignen sich ebenfalls zur Unkrautbekämpfung. Hochwertige Geräte sind teuer, entfernen aber auch Algen von Terrassenplatten und Gartenmöbeln. Für große Flächen findet man im Profibereich eine Reihe interessanter, aber auch entsprechend teurer Lösungen. Am preisgünstigsten sind motorisierte Wildkrautbürsten, die es als Handgeräte oder als Aufsitzfahrzeuge gibt. Ihre rotierende Borstenwalze schrubbt Unkräuter einfach weg – bei Tiefwurzlern zumindest die Blätter. Kostspielig wird es mit Infrarot-, Dampf- und Heißschaumgeräten, die nicht lange, dafür aber gründlich fackeln und auch hartnäckiges Unkraut zuverlässig abtöten.

O Schreck, ein Schneck

Sie kommen in der Dunkelheit, sie sind leise, sie sind hungrig: Die Fressgelage, die Schnecken mitunter in Blumen- und Gemüsebeeten abhalten, suchen ihresgleichen. Wenn mal wieder ein geliebtes Pflänzchen über Nacht vom Erdboden getilgt wurde, kochen die Rachegelüste vieler Gärtner hoch. Verständlicherweise, dennoch sollte man bei der Wahl der Waffen ruhig Blut bewahren und sich vergegenwärtigen, dass für die angerichteten Schäden nur einige wenige Nacktschneckenarten verantwortlich sind, nämlich vor allem die Spanische Wegschnecke *(Arion lusitanicus)*, die Gartenwegschnecke *(Arion distinctus/A. hortensis)* und die Genetzte Ackerschnecke *(Deroceras reticulatum)*. Es gilt also, empfindliche Pflanzen vor Schadschnecken zu schützen und geschützte und nützliche Schnecken zu schonen.

Die Spanische Wegschnecke ist eine echte Fressmaschine, aber Schneckenzäune überwindet auch sie nicht.

Schneckenfreunde einladen

»Der Feind meines Feindes ist mein Freund«, so lässt sich eine Strategie zusammenfassen, die den Schnecken gar nicht behagen dürfte. Igel und Vögel, Kröten und Eidechsen, Käfer und sogar einige Schneckenarten wie der Tigerschnegel, sie alle machen Jagd auf Nacktschnecken und/oder deren Eigelege. In naturnah gestalteten Gärten finden sie sich besonders gerne ein und durchforsten das Grün auf der Suche nach den erhofften Leckerbissen.

Darüber hinaus werden Schneckenräuber mitunter auch ganz gezielt angeheuert: Manche schneckengeplagten Gartenbesitzer halten erfolgreich Hühner, Indische Laufenten und Khaki-Campbell-Enten als gackerndes bzw. watschelndes Sondereinsatzkommando. Das man für diese Variante ausreichend Platz und Sachkenntnis über eine artgerechte Haltung benötigt, sollte selbstverständlich sein. Zumal Spanische Wegschnecken selbst für die gefiederten Schneckengourmets mitunter schwer verdaulich sind oder ihnen gar wortwörtlich im Halse stecken bleiben können: Sie produzieren einfach zu viel Schleim.

TIPP

Zum Relaxen: Schneckenzaun errichten. Robuste Pflanzen wählen. Parasitäre Nematoden einsetzen.
Notfallhilfe bei Panikattacken: Schneckenkorn mit dem Wirkstoff Eisen-III-Phosphat wählen.

Konfrontationen vermeiden

Je zarter das Pflänzchen, desto leichter können es die Schnecken mit ihrer zähnchenbesetzten Zunge abraspeln und umso attraktiver erscheint es ihnen folglich. Im Umkehrschluss bedeutet das: Bei vielen Pflanzenarten genügt schon ein zeitlicher Vorsprung, um den Schnecken zu entgehen – ein Sonnenblumenkeimling ist rasch verputzt, bei einer ausgewachsenen Sonnenblume hingegen, tut sich selbst die Spanische Hochleistungsraspel schwer. Pflanzen auf der Fensterbank oder im Gewächshaus vorzuziehen und sie ausgewogen zu düngen, damit sie eine kräftige Außenhaut entwickeln, kann das Problem also schon entschärfen.

Feste oder behaarte Blätter und ätherische Öle mögen Schnecken generell nicht – sehr praktisch, denn dadurch kann man entsprechende Pflanzen auswählen oder beispielsweise das Gemüsebeet mit einer Barriere aus duftenden Kräutern umgeben. Schnecken meiden in der Regel beispielsweise: Akelei *(Aquilegia)*, Bart-Nelken *(Dianthus barbatus)*, Bergenien *(Bergenia)*, Eisenhut *(Aconitum)*, Elfenblumen *(Epimedium)*, Farne, Fetthenne *(Sedum)*, Fingerhut *(Digitalis)*, Flammenblume *(Phlox)*, Gänsekresse *(Arabis)*, Immergrün *(Vinca)*, Iris *(Iris)*, Lavendel *(Lavandula)*, Pfingstrosen *(Paeonia)*, Ringelblumen *(Calendula)*, Rosmarin *(Rosmarinus)*, Salbei *(Salvia)*, Schafgarbe *(Achillea)*, Sterndolde *(Astrantia)*, Thymian *(Thymus)*, Woll-Ziest *(Stachys byzantina)* und die meisten Ziergräser. Bei Funkien *(Hosta)* und einigen anderen Pflanzen werden oft auch bestimmte Sorten nicht angerührt. Bei den Gemüsearten sind Tomaten, Kartoffeln und Lauch deutlich weniger beliebt.

Da Schnecken zudem eine Abneigung gegen Moose haben, kann man empfindliche Pflanzen wie Salat regelmäßig mit Moosextrakt besprühen. Wissenschaftlich belegt ist die abschreckende Wirkung von Extrakt des Lebermooses *Porella obtusata*, den es auch als fertiges Pflanzenstärkungsmittel gibt. Auch knoblauchhaltige Mittel sollen Schnecken den Appetit verderben. In diesem Fall muss man aber regelmäßig nachsprühen, da die Wirkung nach einigen Tagen oder einem Regenguss verfliegt.

Leicht umzusetzen und wirkungsvoll: Drehen Sie den Schnecken eine lange Nase, indem Sie gefährdete Pflanzen wie Salat oder Erdbeeren in Hängeampeln, Balkonkästen, Pflanzkübel oder Hochbeete auslagern.

Einlasskontrolle

Der effektivste Weg, um Schnecken von Gemüse fernzuhalten, ist ein Schneckenzaun (siehe S. 55), kombiniert mit parasitären Nematoden und einigen Bierfallen. Während der Zaun von außen kommende Schnecken auf Abstand hält, machen Nematoden der Art *Heterorhabditis bacteriophora* Jagd auf bestimmte im Erdboden lebende Schneckenarten, die sich bereits innerhalb des Zauns befinden. Wen die Nematoden verschmähen, wird mit Bierfallen angelockt – in den Boden eingegrabenen Bechern, die halb mit Bier befüllt werden. Damit nicht zu viele Nützlinge hineingeraten, sollte der Becher ein bis zwei Finger breit aus der Erde herausschauen. Als Minivariante des Schneckenzauns bieten sich Schneckenkragen an, die um einzelne Pflanze gesetzt werden, zum Teil auch nur vorübergehend, denn je älter die Pflanze, desto unattraktiver ist sie für Schnecken.

Kupferdrähte

Recht teuer und weniger zuverlässig als ein Schneckenzaun sind gespannte Kupferdrähte. Versuche belegen zwar, dass die Schleimproduktion der Schwarzen Wegschnecke *(Arion ater)* bei Kontakt mit Kupfer stark anstieg – aus Schneckensicht eine potenzielle Gefahr, da sie austrocknen könnten. Für die gärtnerisch interessanten Arten gibt es aber keine Belege über eine abschreckende Wirkung und die Spanische Wegschnecke beispielsweise schleimt ohnehin so stark, dass sie sich davon wohl kaum abhalten ließe. Also besser einen normalen Schneckenzaun wählen.

Trockene Flächen

Wem ein Schneckenzaun zu teuer ist oder einfach optisch nicht zusagt, kann sich eine Schwäche der Weichtiere zunutze machen – ihre Angst vor Austrocknung. Schnecken bewegen sich auf einem selbst produzierten Schleimfilm vorwärts, der es ihnen ermöglicht, prinzipiell auch trockene Flächen zu überqueren; je trockener die Oberfläche, desto mehr Schleim müssen sie absondern. Insbesondere Nacktschnecken machen das jedoch eher ungern, denn im Gegensatz zu den Gehäuseschnecken sind sie der Witterung schutzlos ausgeliefert und müssen mit ihrer Körperflüssigkeit noch besser haushalten, um nicht auszutrocknen. Alternativ zu einem Schneckenzaun können Sie daher Streifen aus rauen und/oder austrocknend wirkenden Materialien um gefährdete Pflanzen ziehen. Klassiker sind Sand und Sägespäne, während man auf Asche besser verzichten sollte – sie kann Schwermetalle enthalten. Kontrollieren Sie die Begrenzungen regelmäßig, vor allem bei feuchter Witterung, und bessern Sie Lücken gegebenenfalls aus. Beständiger sind aus Schmiergelpapier ausgeschnittene Ringe, die einmal bis zur Mitte eingeschnitten und wie Kragen um Setzlinge und andere empfindliche Pflanzen gelegt werden.

Schnecken aktiv bekämpfen

Wo der Schneckendruck allzu hoch ist, gehen viele Pflanzenfreunde früher oder später zur direkten Bekämpfung über. Im Gemüsebeet können beispielsweise gezielt Bretter oder flache Steine ausgelegt werden, unter denen sich die Nacktschnecken tagsüber verstecken und dann einfach abgesammelt werden können. Da ein Umsiedeln aufwendig und auch ökologisch gesehen nur bedingt empfehlenswert ist, werden die Nacktschnecken nach dem Absammeln in der Regel getötet. Das Zerteilen dürfte dabei die wohl meistgenutzte Methode sein, gefolgt von Ertränken, Überbrühen oder dem empfehlenswerteren Einfrieren in Kunststoffbeuteln im Tiefkühlfach.

Auch die Bodenbearbeitung kann Teil der aktiven Schneckenbekämpfung sein: Wer seine Beete im Herbst ohnehin umgräbt, sollte dafür einen Tag mit angekündigtem Nachtfrost wählen und die Schollen gründlich zerkleinern. Das treibt die Schnecken an die Erdoberfläche, wo sie nachts zu Tiefkühlware werden. Auch vor einer Aussaat oder Pflanzung sollten Sie die Erde lockern und danach sorgfältig andrücken: Samen und Pflanzen erhalten guten Bodenkontakt und im Boden lebende Schnecken werden getötet oder können sich zumindest schwerer fortbewegen.

Gut zu wissen: Da viele Nacktschnecken auch Aas fressen, können im Boden entdeckte und zerstörte Eier sowie tote Schnecken weitere Tiere anlocken. Zur Entsorgung ist der Biomüll daher besser geeignet als der Kompost.

Auf den Einsatz von »Hausmitteln« wie Salz oder Chilibrühe sollten Sie verzichten, da sie Nebenwirkungen haben und ihre Anwendung verboten ist (siehe S. 24).

Notlösung: Schneckenkorn

Wie alle chemischen Pflanzenschutzmittel sind auch die umgangssprachlich als »Schneckenkorn« bezeichneten Fraßköder nicht ohne Nebenwirkungen. Sie töten nämlich ausnahmslos alle Schnecken, auch geschützte und nützliche Arten, die ihrerseits Schadschnecken und/oder deren Eier fressen. Schneckenkorn ist auch ein gutes Beispiel dafür, wie sich die Bewertung von Pflanzenschutzmitteln mit dem Wissensstand ändern kann: Der viele Jahre zugelassene Wirkstoff Methiocarb ist seit Herbst 2014 verboten, da in toten Kleinnagern, Wacholderdrosseln und Rotkehlchen auffällig hohe Konzentrationen nachgewiesen und über die Nahrungskette auch ein Risiko für Greifvögel befürchtet wurde. Der noch zugelassene Wirkstoff Metaldehyd kann ebenfalls Vögel und Kleinsäuger schädigen oder töten, die viel Schneckenkorn oder damit vergiftete Schnecken gefressen haben.

Wer Schneckenkorn ausstreuen möchte, sollte daher ein Produkt mit dem effektiven, aber aus Umweltsicht unbedenklichen Wirkstoff Eisen-III-Phosphat wählen. Zusätzlicher Vorteil: Der Fraßstopp tritt schneller ein als bei Metaldehyd und die Tiere suchen sich ein Versteck, ehe sie sterben, müssen also nicht aufgesammelt werden.

Der Tigerschnegel frisst andere Schnecken und deren Eier – er bleibt von Bekämpfungsmaßnahmen verschont.

Aus die Laus

Neben Schnecken mögen sie B-Klasse-Promis sein, doch schon durch ihre schiere Zahl bringen sie die Gärtner in manchen Jahren zum Verzweifeln: Vor allem in trockenen, warmen Sommern vermehren sich Blattläuse im Rekordtempo. Gerade mal ein bis zwei Wochen brauchen die kleinen Krabbler, um sich vom Ei zum geschlechtsreifen Tier zu entwickeln. Zudem besitzen die meisten Blattlaus-Arten die Fähigkeit zur sogenannten Jungfernzeugung (Parthenogenese) – ordinären Sex haben diese Blattläuse nur zur gelegentlichen Erbgut-Auffrischung, ihre Nachkommen schlüpfen größtenteils aus unbefruchteten Eiern. Auch Platzmangel ist für die anpassungsfähigen Insekten kein echtes Problem: Wird es ihnen auf einer Pflanze zu eng, entstehen in der nächsten Generation geflügelte Blattläuse, die sich flugs nach einem neuen Quartier umsehen.

Blüte weg, Blattläuse weg – so einfach kann es sein.

Angesichts dieser verblüffenden Fähigkeiten ist die Zahl der im Garten anzutreffenden Tiere selbst in extremen Blattlausjahren eigentlich noch recht gering. Das wiederum ist in erster Linie den vielfältigen Gegenspielern zu verdanken, denn Blattläuse sind für unzählige Insekten, Spinnen und Vögel ein echtes Grundnahrungsmittel. Auch der »Honigtau«, die zuckerhaltigen Ausscheidungen der Pflanzensaftsauger, ist bei vielen Tieren sehr beliebt. Ameisen beispielsweise halten Blattläuse oft wie Nutztiere und verteidigen sie bisweilen vehement gegen Angriffe durch Fressfeinde. Von Bienen wird der Honigtau gerne anstelle von Nektar aufgenommen und ist ein wichtiger Bestandteil insbesondere von Waldhonig – da sage noch einer, Blattläuse seien keine nützlichen Tiere.

Dennoch können die grünen, gelben, rosafarbenen, roten, grauen, braunen oder schwarzen Krabbler natürlich nerven und je nach Kultur und Befallsstärke beträchtlichen Schaden verursachen. Die Schäden entstehen zum einen direkt durch die Saugtätigkeit der Insekten – verkrüppelte Blätter, Blüten, Triebe und Früchte sowie insgesamt schwächelnde Pflanzen können die Folgen sein. Mitunter sind es jedoch eher die indirekten Schäden, die den Pflanzen zusetzen. Blattläuse können zum Beispiel zur Verbreitung von Tabakmosaikviren in Tomaten-, Gurken- und Paprikakulturen oder des Scharka-Virus an Steinobst beitragen, wenn sie erst an kranken und dann an bis dato gesunden Pflanzen saugen. Auch der Honigtau, den die Blattläuse absondern, kann zum Problem werden, da er eine optimale Brutstätte für Rußpilze ist. Diese bilden rasch einen schwarzen Belag auf den Blattoberflächen und verringern dadurch die Fotosyntheseleistung der Pflanze: Nur mit ausreichend Sonnenlicht kann die Pflanze aus Wasser und Kohlendioxid (CO_2) Kohlenhydrate und damit die zum Wachstum notwendigen Energieträger herstellen. Wo sich Rußpilze ausbreiten, gelangt weniger Strahlung auf die Pflanzenoberfläche, entsprechend verringert sich das Pflanzenwachstum.

Dennoch sind Blattlausprobleme meist ästhetischer Natur und Schäden, die eine Bekämpfung insbesondere mit chemischen Mitteln rechtfertigen, im Hobbygarten selten. Gehölze beispielsweise verkraften auch einen starken Blattlausbefall in der Regel gut – im Gegensatz zu ihren Betrachtern, die mitunter schon bei einem Anfangsbefall Schnappatmung bekommen. Die schlechte Nachricht: Blattläuse ganz aus dem Garten zu verbannen, ist weder realistisch noch wünschenswert. Die gute Nachricht: Sie können einiges tun, damit Blattläuse bestimmte Pflanzen meiden, sich nicht übermäßig vermehren oder von bereits befallenen Pflanzen ablassen.

TIPP

Zum Relaxen: Widerstandsfähige Sorten verwenden. Nützlinge einsetzen.
Notfallhilfe bei Panikattacken: Spritzmittel mit dem Wirkstoff Rapsöl oder Kali-Seife (in Monoformulierung) wählen. Azadirachtin nur als zweite Wahl.

TIPP

Appetitzügler

Einen Versuch wert sind Spritzungen mit Pflanzenextrakten, die eine abschreckende Wirkung haben sollen. Dazu übergießen Sie 50 g zerquetschte Knoblauchzehen mit einem Liter kochendem Wasser, lassen das Ganze 30 min ziehen und seihen die Brühe dann durch ein Sieb ab. Alternativ können Sie 100 g frische Brennnesseln oder 30 g frischen Rainfarn je Liter kaltem Wasser 12–24 h lang ziehen lassen. Anschließend ebenfalls abseihen und die zu behandelnden Pflanzen mit dem Extrakt besprühen.

Blattlausbefall vorbeugen

Blattläuse haben eine große Schwäche: Sie sind faul. Am liebsten befallen sie daher Pflanzen, die ohnehin schon geschwächt sind, etwa weil sie aufgrund von zu viel Stickstoffdünger nur eine weiche Außenhaut gebildet haben. Wer seine Pflanzen hingegen an den richtigen Standort setzt, ausgewogen düngt – am besten basierend auf den Ergebnissen einer Bodenprobe – und sie möglicherweise zusätzlich mit Pflanzenstärkungsmitteln unterstützt, erzielt starke Pflanzen mit einer fester Außenhaut und macht sie damit für Blattläuse weniger interessant. Eine zusätzliche Hürde sind Plätze, an denen der Wind zumindest gelegentlich durch die Pflanzen streichen kann. Es muss keine dauerhaft zugige Ecke sein, schließlich stehen die meisten Obst- und Gemüsearten lieber warm als kühl. Aber ein wenig Luftbewegung ist besser als ein geschützter Ort, denn das bedeutet wortwörtlich Gegenwind für geflügelte Schaderreger wie Blattläuse aber auch Gemüsefliegen. Zugleich beugt die Durchlüftung Pilzkrankheiten vor, da die Pflanzen schneller abtrocknen.

Resistente Salatsorten

Die Grüne Salatblattlaus kann eine echte Plage sein, da sie sich geschickterweise zwischen den einzelnen Blattschichten einnistet, und das oft in großer Zahl. Grundsätzlich ziehen Blattläuse bei Salaten die grünen Varianten den roten vor. Am effektivsten helfen jedoch resistente oder tolerante Sorten. Selbst wenn einige Resistenzen in den vergangenen Jahren regional zusammengebrochen sind (die Blattläuse nun also auch einst »sichere« Sorten befallen): Es lohnt sich immer, verschiedene resistente Sorten auszuprobieren. Außerdem kommen immer wieder neue resistente Neuzüchtungen auf den Markt.

Florfliegen sind hübsche, zarte Insekten, doch ihre Larven sind als »Blattlauslöwen« berühmt-berüchtigt.

Hier eine Auswahl:

Bataviasalat: 'Leny'
Eissalat/Eisbergsalat: 'Barcelona', 'Bennie', 'Fortunas', 'Gustinas', 'Minas', 'Templin'
Kopfsalat: 'Adrienne', 'Aquino', 'Analena', 'Caddo', 'Casanova', 'Dynamite', 'Estelle', 'Fastra', 'Fiorella', 'Irina', 'Jiska', 'Jolito', 'Lobela', 'Mafalda', 'Osaka', 'Seurat', 'Solifiore', 'Ursula', 'Veronique'
Kraussalat: 'Bentley', 'Navara', 'Sirmai', 'Smile'
Lollo Bionda: 'Aleppo', 'Barman', 'Experience', 'Lorenzo', 'Onyx'
Lollo Rossa: 'Cavernet', 'Solsun', 'Solmar', 'Telex'

Handarbeit

Blattläuse mechanisch entfernen

Was Anfänger zum Schaudern bringt, gehört bei vielen langjährigen Gärtnern zur Routine: Stoßen sie beim Gartenrundgang oder beim Gießen der Gewächshaustomaten auf die ersten Blattläuse, werden diese kurzerhand zerquetscht oder, falls es sich bereits um kleinere Kolonnien handelt, mit den Fingern abgestreift. Wem das zu eklig ist, der zieht einfach Garten- oder Latexhandschuhe an. Alternativ können Sie insbesondere Gehölze und robuste Stauden mithilfe des Gartenschlauchs entlausen: Den Wasserstrahl nach und nach so hart einstellen, dass die Blattläuse abgespritzt werden, ohne die Pflanze zu beschädigen. Außerdem kann man sich die Vorliebe der Blattläuse für Triebspitzen zunutze machen und diese einfach abschneiden, das ist in der Regel einfacher, kostengünstiger und effektiver als jedes Pflanzenschutzmittel. Auch stark befallene Blätter können Sie einfach abpflücken. Befallene Blätter und Triebe können auf den Kompost.

Nützlinge

Naturnah gestaltete Gärten beherbergen ohnehin eine große Anzahl Blattlausfeinde. Wer diesbezüglich noch etwas nachhelfen möchte, findet ab Seite 50 viele Tipps, um weitere Gäste zum großen Blattlausfressen einzuladen. Darüber hinaus lohnt sich insbesondere im Gewächshaus der gezielte Einsatz schlagkräftiger »Söldnertruppen« – speziell zur Schädlingsbekämpfung produzierte Nützlinge, die man postalisch oder über das Internet bestellen kann. Ab Seite 66 finden Sie eine Übersicht der möglichen Kandidaten. Prinzipiell stehen Blattläuse bei fast allen auf der Speisekarte, sie helfen praktischerweise meist aber auch noch gegen diverse andere Schaderreger. Die bestmöglichen Ergebnisse erreicht man, wenn man bei der Auswahl die natürlichen Vorlieben der Nützlinge berücksichtigt – beispielsweise gibt es Spezialisten für Pflanzen mit behaarten Stängeln wie Tomaten und Auberginen oder Arten, die mit entweder hoher oder niedriger Luftfeuchte besonders gut zurecht kommen. Manche Nützlinge sind als schlagkräftige Soforthilfe bestens geeignet, während andere einige Zeit benötigen, um sich zu etablieren, und daher bereits vorbeugend eingesetzt werden sollten. Bei Unsicherheiten bieten die Nützlingsanbieter kompetente Beratung an.

Notfallhilfen

Aus dem Pflanzenschutzregal

Wie so viele Schädlinge sind auch Blattläuse durchaus clever, sie setzen sich nicht mitten auf ein Blatt wie auf einen Präsentierteller, sondern bevorzugen die Blattunterseiten und eher schwer zugängliche Ecken wie die Blattansatzstellen oder die dicht wachsenden Triebspitzen mit ihren noch nicht ganz entfalteten Blättern. Auch die von ihnen selbst verursachten Blattverkrüppelungen kommen ihnen zugute, denn unter dem oft nach unten gekrümmten Laub können sie sich prima verstecken. Manche Arten führen diesen Effekt sogar aktiv herbei, indem sie bestimmte Substanzen in die Blätter einspeisen. Wurzelläuse haben es ohnehin gut, denn unter der Erde hat eine ganze Reihe von Fressfeinden erst mal das Nachsehen. So oder so: Die Tierchen sitzen oft gut verborgen in den Pflanzen, wo sie viele Pflanzenschutzmittel nicht erreichen – wohl aber Nützlinge, die aktiv nach dem nächsten Blattlaussnack suchen. Wer es dennoch mit Pflanzenschutzmitteln versuchen möchte, sollte zwei Szenarien unterscheiden: Produkte, die Rapsöl oder Kali-Seife in Monoformulierung enthalten, sind in Kombination mit dem Ausschneiden befallener Triebspitzen eine

Ein blütenreicher Garten lockt Schwebfliegen an, deren Larven einen gewaltigen Appetit auf Blattläuse haben.

effektive und umweltschonende Möglichkeit, um einen Blattlausbefall in den Griff zu bekommen. Denken Sie dabei insbesondere an die Blattunterseiten und Blattachseln, denn getötet werden nur die Tiere, die direkt mit der Spritzbrühe in Kontakt kommen.

Schwierig wird diese Art der Behandlung sowohl ab einer gewissen Pflanzengröße als auch bei schwer erreichbaren Arten wie der Mehligen Kohlblattlaus, die sich zwischen den Blattlagen versteckt. In diesen Fällen können Produkte mit Azadirachtin in Monoformulierung trotz der etwas schlechteren Nützlingseigenschaften eine sinnvolle Alternative sein: Der Wirkstoff wird von der Pflanze aufgenommen und über die Leitungsbahnen verteilt, dadurch trifft er alle Blattläuse, die an der Pflanze saugen.

Wichtige Blattlausarten

Die eingangs erwähnten grundlegenden Möglichkeiten zum Vorbeugen und Bekämpfen treffen auf alle Arten zu, daher werden im Folgenden nur zusätzliche Informationen oder Maßnahmen erwähnt.

Johannisbeerblasenlaus

(Cryptomyzus ribis)
Aussehen: grün, etwa 2 mm groß.
Symptome: blasenartig aufgewölbte Blätter, bei Roten Johannisbeeren zudem rötlich gefärbt, bei Schwarzen und Weißen Johannisbeeren gelblich. Die Blattläuse sind auf den Blattunterseiten zu finden. Rußpilze und Wachstumsstörungen nur bei starkem Befall.
Zusatzmaßnahme: Im Hobbygarten reicht das Entfernen stark befallener Pflanzenteile in der Regel aus. Da die Johannisbeerblasenlaus im Sommer auf Ziest *(Stachys)* als Wirtspflanze wechselt, kann es sich lohnen, etwa den beliebten Woll-Ziest *(Stachys byzantina)* gegen andere Zierpflanzen auszutauschen.

Mehlige Apfelblattlaus

(Dysaphis plantaginea)
Aussehen: rosa bis blaugrau.
Symptome: verkrümmte Triebe; vorzeitiger Blattfall; klein bleibende Früchte.
Zusatzmaßnahme: Kontrollen zum Blütenaustrieb sind besonders wichtig, denn wenn sich Schäden zeigen, ist es fürs Spritzen zu spät.

Bei befallenen Triebspitzen, wie hier an einer Johannisbeere, lässt sich das Problem mit der Schere lösen.

Apfelfaltenläuse

(Dysaphis anthrisci, D. derecta)
Aussehen: grau bis blaugrau, weiß bepudert.
Symptome: Blattränder sind faltenartig aufgeworfen und leuchtend rot gefärbt.
Zusatzinfo: Im Hobbygarten reicht das Entfernen stark befallener Pflanzenteile in der Regel aus.

Grüne Apfelblattlaus

(Aphis pomi)
Aussehen: leuchtend grün.
Symptome: gerollte oder gekräuselte Blätter, Rußpilze, bei sehr starkem Befall Triebverkrümmungen.
Zusatzinfo: sitzt vor allem an jungen, überdüngten Bäumen. Im Hobbygarten reicht das Entfernen stark befallener Pflanzenteile in der Regel aus.

Apfelgraslaus

(Rhopalosiphum insertum)
Aussehen: gelbgrün.
Symptome: bei starkem Befall leichte Blattkräuselungen.
Zusatzinfo: Ist zu Saisonbeginn vor allem an alten Bäumen in größerer Zahl anzutreffen – zum Glück, denn sie richtet kaum Schaden an, dient aber vielen Nützlingen als erste Nahrung und unterstützt den Gärtner somit indirekt bei der Blattlausbekämpfung. Sie sollte also geschont werden.

Schwarze Kirschenblattläuse

(Myzus cerasi, M. prunavium)
Aussehen: schwarz, glänzend.
Symptome: gekräuselte und eingerollte Blätter, vor allem an den Triebspitzen, wo die Blattläuse blattunterseits sitzen. Rußpilze.
Zusatzmaßnahmen: bereits im Frühjahr vor der Blüte regelmäßig kontrollieren.

Große und Kleine Pflaumenlaus

(Brachycaudus cardui, B. helichrysi)
Aussehen: hellgrün.
Symptome: gekräuselte Blätter, gestauchte und verdrehte Triebe; beide Arten können das Scharka-Virus übertragen.
Zusatzmaßnahmen: Kontrollen der Knospen schon vor dem Blütenaustrieb sind besonders wichtig, denn wenn sich Schäden zeigen, ist es fürs Spritzen zu spät.

Mehlige Pflaumenblattlaus

(Hyalopterus pruni)
Aussehen: hellgrün bis blaugrün.
Symptome: ausgeprägte Rußpilzbildung. Vorzeitiger Blattfall, Blattunterseiten dicht von Blattläusen besiedelt.
Zusatzmaßnahmen: Die Mirabellensorte 'Bellamira' wird kaum befallen.

Große und Kleine Himbeerblattlaus

(Amphorophora idaei, Aphis idaei)
Aussehen: blassgrün.
Symptome: gekräuselte oder zusammengerollte Blätter (bei der Kleinen H. ausgeprägter).
Zusatzmaßnahmen: resistente oder tolerante Sorten pflanzen, zum Beispiel 'Rumiloba' 'Rutrago', 'Malling Orion', 'Rucami', 'Rumla', 'Rusilva', 'Willamette'.

Große Rosenblattlaus

(Macrosiphum rosae)
Aussehen: grün und etwa 4 mm groß.
Symptome: deformierte Blätter; Ansiedlung von Rußpilzen.

Schildläuse sind unter ihrem Deckel gut geschützt, können aber mit einer harten Bürste entfernt werden.

Blutläuse sind durch ihre weiße »Wolle« gut zu erkennen und rasch abgebürstet.

Schildläuse

Aussehen: saugen gut geschützt unter einem harten Schild oder unter einer weißen Wachsschicht (Wollläuse und Schmierläuse). Besonders gut ist die Kommaschildlaus mit ihren länglich-verkrümmten Schilden zu erkennen.
Symptome: kümmerwuchs; Rußpilze durch die klebrigen Ausscheidungen der Läuse. Schildläuse sitzen vorwiegend an verholzenden Pflanzenteilen, vor allem an jungen Trieben und Ästen und in den Blattachseln.
Zusatzmaßnahme: Wollläuse können jederzeit mit rapsölhaltigen Produkten bekämpft werden. Bei Schildläusen mit festem Schild sind hingegen nur die im Mai schlüpfenden Larven ungeschützt, weshalb dies der richtige Bekämpfungszeitraum ist. Die Schilde samt Eiern können im Winter abgebürstet werden.

Blutlaus

(Eriosoma lanigerum)
Aussehen: graubraun, aber unter weißen Wachsfäden verborgen. Beim Zerdrücken tritt blutrote Flüssigkeit aus.
Symptome: Wucherungen an der Rinde von Obstgehölzen (»Blutlauskrebs«).
Zusatzmaßnahme: Blutlauskolonien abbürsten. Auf Pflanzenschutzmittel verzichten, um den wichtigsten Gegenspieler zu schonen, die Blutlauszehrwespe *(Aphelinus mali).* Sie braucht etwas Anlaufzeit, bringt den Befall im Sommer jedoch meist rasch unter Kontrolle.

Grüne Pfirsichblattlaus

(Myzus persicae)
Aussehen: je nach Generation grün, braun oder rötlich.

Die Mehlige Kohlblattlaus kann mit Rapsölpräparaten bekämpft werden.

Symptome: gekräuselte Blätter; Rußtaupilze.
Zusatzinfo: befällt im Frühjahr vorwiegend Pfirsichbäume, im Sommer Gemüse, vor allem Salat, Spinat, Tomate, Paprika, Kartoffeln, Erbsen und Bohnen.
Zusatzmaßnahmen: Pfirsichbäume schon zum Blütenaustrieb kontrollieren. Unkräuter jäten, da diese ebenfalls befallen werden und zusätzliche Tiere anlocken können.

Schwarze Bohnenblattlaus

(Aphis fabae)
Aussehen: schwarz.
Symptome: Verkrüppelungen, Kümmerwuchs.
Zusatzmaßnahmen: Vorgezogene Pflanzen werden seltener befallen, auch regelmäßiges Gießen erhöht die Widerstandskraft. Bohnenkraut schreckt ab.

Mehlige Kohlblattlaus

(Brevicoryne brassicae)
Aussehen: graugrüne, mehlartige Bepuderung.
Symptome: Wachstumsstockungen; Herzlosigkeit (es wird kein Kopf gebildet); Verunreinigung durch Rußtaupilze.

Grüne Salatblattlaus

(Nasonovia ribisnigri)
Aussehen: grün. Anders gefärbte Blattlausarten an Salat sind meist weniger ärgerlich, da sie eher an den Außenblättern saugen.
Symptome: kümmernde Pflanzen, vergilbte Blätter, schwarze Rußtaupilze, bei starkem Befall von innen braun werdende Köpfe.
Zusatzmaßnahmen: resistente Sorten, siehe S. 100.

Möhrenwurzellaus

(Dysaphis crataegi)
Aussehen: grün, braun oder grau.
Symptome: kümmernde Möhren, auffällig viele Ameisen in den Möhrenreihen. Klarheit schafft das Freilegen des Wurzelhalses (des Bereichs, in dem das Möhrengrün ansetzt).
Zusatzmaßnahme: regelmäßiges Gießen bei Trockenheit beugt vor.

Grüne Erbsenblattlaus

(Arctosiphon pisum)
Aussehen: grün oder rötlich.
Symptome: verkrüppelte Triebe und Schoten.

Grüne Gurkenblattlaus

(Aphis frangulae ssp. *gossypii)*
Aussehen: grün oder schwarz.
Symptome: bei starkem Befall Wachstumsstockungen oder Absterben der Pflanze.

Mehltau ade

Ein mit Mehl bestäubtes Brot sieht ansprechend und appetitlich aus – das kann man von mit Mehltau überzogenem Feldsalat nicht gerade sagen. Mehltaupilze sind in allen Gartenbereichen anzutreffen, daher gehört der Umgang mit diesen potenziellen Schaderregern zum kleinen Einmaleins des Pflanzenschutzes. Tatsächlich ist ein Mehltaubefall nicht zwangsläufig bekämpfenswert, sondern zählt insbesondere an Gehölzen und vielen Zierpflanzen eher zu den ästhetischen Problemen. An einigen Kulturen wie Feldsalat, Spinat, Apfel oder Stachelbeere können Mehltaupilze jedoch tatsächlich großen Schaden anrichten.

Unter dem Begriff Mehltau werden viele verschiedene Pilzarten mit ähnlicher Lebensweise zusammengefasst, die jedoch immer nur bestimmte Kulturen befallen – Feldsalat und Stachelbeere können sich also nicht gegenseitig anstecken. Zum Glück muss man nicht jeden einzelnen Mehltaupilz kennen, stattdessen werden zwei Gruppen von Mehltaupilzen unterschieden: Echte und Falsche Mehltaupilze. Beiden gemein ist, dass sie ihren Wirtspflanzen Nährstoffe entziehen und sie dadurch schwächen. Befallene Pflanzenteile sterben teilweise oder ganz ab, im Extremfall kann auch die ganze Pflanze eingehen.

Echte Mehltaupilze

Allgemeines: Bei einem Befall mit Echtem Mehltau bildet sich der mehlige, leicht abwischbare Belag zuerst auf den Blattoberseiten, dann werden Knospen, Blüten und Triebspitzen besiedelt. Die Blattunterseiten bleiben in der Regel verschont. Befallene Pflanzenteile können bei starkem Befall vertrocknen, verkrüppeln und absterben. Da Echter Mehltau vor allem im Hochsommer auftritt, sind die befallenen Pflanzen jedoch meist schon gut entwickelt, dadurch halten sich die Schäden in der Regel in tolerierbaren Grenzen.

Im Gegensatz zu den meisten Schadpilzen ist Echter Mehltau ein sogenannter Schönwetterpilz: Er braucht keine dauerfeuchte Umgebung, um sich auszubreiten, sondern trockene Pflanzen. An denen bleiben seine mit dem Wind transportierten Sporen besonders gut haften. Kommt dann ein wenig Tau hinzu, keimen die Sporen aus und das Pilzwachstum beginnt. Regen ist für Echten Mehltau kontraproduktiv, da er die Sporen aus der Luft und von den Pflanzen wäscht. Begünstigt wird seine Ausbreitung hingegen durch große Temperaturunterschiede zwischen Tag und Nacht, da sich dann besonders viel Tau bildet.

Ein großes Problem ist der Amerikanische Stachelbeermehltau *(Sphaerotheca mors-uvae)*. Er befällt neben Stachelbeeren auch Schwarze Johannisbeeren und Zier-Johannisbeeren *(Ribes aureum, R. alpinum, R. sanguineum)* und überzieht Blätter, Triebe und bei Stachelbeeren auch die Früchte mit einem weiß-grauen, später braun-filzigen Belag. Die Folgen sind massiver Blattfall, geschwächte Pflanzen und bei Stachelbeeren Ernteausfälle, da befallene

Früchte nicht ausreifen. Besonders anfällige Stachelbeersorten wie 'Achilles' und 'Rote Triumph' sollten gegen resistente Sorten ausgetauscht werden.

Ebenfalls recht häufig anzutreffen ist der Apfelmehltau *(Podosphaera leucotricha)*. Er überzieht insbesondere direkt nach dem Frühjahrsaustrieb die Blattober- und unterseiten sowie die Triebe von Apfel-, Birn- und Quittenbäumen mit einem mehlig-samtigen Belag, seltener auch die Blüten. Bei fortschreitendem Befall wellen sich Blattränder und die Blätter rollen sich zusammen, vertrocknen und fallen ab, stark befallene Triebspitzen können absterben. Befallene Blüten bringen keine Früchte hervor, insgesamt tragen betroffene Bäume weniger und kleinere Früchte und kümmern. Früchte befallener Bäumen tragen mitunter ein netzartiges Muster auf der Schale, können aber bedenkenlos verzehrt werden.

Betroffene Pflanzenarten: viele, besonders häufig an Astern, Indianernesseln, Phlox, Rittersporn, Rosen, Gurken, Zucchini, Kürbissen, Tomaten, Erbsen, Schwarzwurzeln, Stachelbeeren und Äpfeln.

Vorbeugen: resistente Sorten wählen (siehe Kasten S. 109). Nicht zu dicht pflanzen, damit Feuchtigkeit rasch abtrocknen kann, bei Obst umstehende Pflanzen niedrig halten. Immer direkt an den Pflanzenfuß gießen, nicht über die Blätter. Im Gewächshaus regelmäßig lüften, damit die Luftfeuchtigkeit nicht zu hoch wird. Bedarfsgerecht düngen. Pflanzenstärkungsmittel anwenden. Obst- und Beerengehölze regelmäßig schneiden, um die Kronen zu belüften. Bei Beerensträuchern die besser belüfteten Halb- oder Hochstämmchen bevorzugen (Pflanzen mit einer Stammhöhe von 50 cm beziehungsweise 100 cm). Triebspitzen regelmäßig kontrollieren, da der Befall meist dort beginnt.

Bekämpfen: Befallen Pflanzenteile umgehend entfernen, Triebe bis ins gesunde Holz zurückschneiden – bei Entsorgung über den Kompost gleich mit anderem Material bedecken, damit die Sporen nicht vom Wind weitergetragen werden. Pflanzen, die im Vorjahr unter Stachelbeermehltau litten, im Februar/März um etwa ein Drittel einkürzen – der Pilz überwintert mit Vorliebe an den Triebspitzen. Bei massivem Befall und falls eine entsprechende Zulassung für die jeweilige Kultur vorliegt, können Sie zudem Pflanzenschutzmittel auf Schwefelbasis einsetzen, um eine weitere Ausbreitung zu verhindern.

Bei starkem Befall mit Apfelmehltau stirbt die Triebspitze ab. Pflanzen Sie vorbeugend resistente Sorten.

Falsche Mehltaupilze

Allgemeines: Falscher Mehltau ist sozusagen das Gegenstück zum Echten Mehltau. Er siedelt sich zuerst auf den Blattunterseiten an und der weiße bis graue Sporenrasen lässt sich, wenn überhaupt, nur schwer abwischen, denn das Pilzgeflecht selbst wächst innerhalb des Blattgewebes. Spätestens, wenn auf den Blattoberseiten gelbe, braune oder bereits vergilbte Flecken zu sehen sind, sollte man daher einen Blick auf die Unterseiten werfen. Besonders gut ist ein Befall an Gurkenblättern zu erkennen, da die Blattflecken dort eine scharf umrissene eckige Form aufweisen. Falscher Mehltau tritt vor allem in feucht-kühlen Sommern auf: Die Sporen benötigen zum Auskeimen viel Feuchtigkeit und werden außen durch den Wind auch über Spritzwasser verbreitet.

Falscher Mehltau an Gurken ist leicht zu erkennen an den hellen kastenartigen Flecken.

Betroffene Pflanzenarten: vor allem Salate, prinzipiell aber alle Gewächshauskulturen, wegen der höheren Luftfeuchtigkeit. Außerdem Weinreben und zahlreiche Zierpflanzen wie Stiefmütterchen, Löwenmäulchen sowie viele Korbblütler wie Astern, Sonnenblumen und Sonnenhut. Der in Tomaten- und Kartoffelkulturen bedeutsame Erreger *Phytophthora infestans* zählt ebenfalls zu den Falschen Mehltaupilzen.

Vorbeugen: Resistente Sorten bilden die mit Abstand wichtigste Gegenmaßnahme (siehe Kasten). Nicht zu dicht pflanzen, damit Feuchtigkeit rasch abtrocknen kann, bei Obst umstehende Pflanzen niedrig halten. Immer direkt an den Pflanzenfuß gießen, nicht über die Blätter. Im Gewächshaus regelmäßig lüften, damit die Luftfeuchtigkeit nicht zu hoch wird. Bedarfsgerecht düngen. Pflanzenstärkungsmittel anwenden. Triebspitzen regelmäßig kontrollieren, da der Befall meist dort beginnt.

Bekämpfen: Befallene Pflanzenteile umgehend entfernen, Triebe bis ins gesunde Holz zurückschneiden – bei Entsorgung über den Kompost gleich mit anderem Material bedecken, damit die Sporen nicht vom Wind weitergetragen werden. Bei den gegen Falschen Mehltau zugelassenen Wirkstoffen gibt es leider kein »kleineres Übel«, sie sind aus Umweltsicht durchweg nicht empfehlenswert. Gegen Falschen Mehltau an Weinreben sind zwar kupferhaltige Mittel zugelassen, die auch im ökologischen Landbau Anwendung finden. Selbst dort sind sie umstritten und werden vermieden, da sich Kupfer im Boden anreichert und zahlreiche Bodenorganismen wie Regenwürmer schädigen kann. Im Hobbygarten besser darauf verzichten.

RESISTENTE SORTEN

Viele ADR-Rosen sind nicht nur gegen den Sternrußtau, sondern auch gegen Echten und Falschen Mehltau widerstandsfähig. Robuste Zierpflanzen sind in der Datenbank des Arbeitskreises Staudensichtung gelistet. Bei Saatgut sind Resistenzen meist auf der Packung angegeben.

Resistent oder tolerant gegenüber Echten Mehltaupilzen

Apfel: 'Rewena', 'Reanda', 'Remo', 'Renora', 'Resi', 'Priscilla', 'Dülmener Rosenapfel', 'Oldenburg'.
Weniger anfällig: 'Boskop', 'Gloster', 'Alkmene' 'Berlepsch'
Stachelbeeren: 'Rolanda' (rot), 'Rokula' (rot), 'Invicta' (grün)
Erbsen: 'Ambassador', 'Delikata', 'Markana', 'Profita', 'Shiraz', 'Vitara', 'Zuccola', 'Zufalo'
Feldsalat: 'Dominik', 'Favor', 'Gala', 'Juwabel', 'Juwahit', 'Vit'
Gurken: 'Adrian', 'Cordoba', 'Corentine', 'Cum Laude', 'Delta Star', 'Diamant', 'Dominica', 'Euphya', 'Excelsior', 'Iznik', 'Khassib', 'Loustik', 'Marketmore 76', 'Melody', 'Mertus', 'Midios', 'Picolino', 'Printo', 'Passandra', 'Salamanda', 'Schubert', 'Silor', 'Styx', 'Sudica', 'Zircon'
Tomate: 'Flavance', 'Maranello', 'Phantasia', 'Philona'
Zucchini: 'Diamant', 'Dunja', 'Mastil', 'Soleil'

Resistent oder tolerant gegenüber Falschen Mehltaupilzen*

Brombeere: 'Navaho'
Brokkoli: 'Emperor', 'Fiesta', 'Green Valiant', 'Marathon'
Erbsen: 'Shiraz'
Gurken: 'Akito', 'Diamant', 'Excelsior', 'Jazzer', 'Marketmore 76'
Kürbis: 'Merlin', 'Neon'
Spinat: 'Bordeaux', 'Clarinet', 'Dolphin', 'Emilia', 'Mandolin', 'Merlin', 'Lazio', 'Palco', 'Red Cardinal', 'Rico'
Zwiebel: 'Hylander'
Feldsalat: 'Baron', 'Dominik', Elan', "Favor', 'Gala', 'Juwabel', 'Juwahit', 'Medaillon', 'Ovired', 'Redza', 'Vit'
Bataviasalat: 'Leny', 'Sparta'
Kopfsalat: 'Analena', 'Adrienne', 'Caddo', 'Casanova', 'Chagal', 'Einstein', 'Estelle', 'Fastra', 'Fiorella', 'Irina', 'Jiska', 'John', 'Jolito', 'Lobela', 'Mafalda', 'Osaka', 'Soliflore', 'Ursula', 'Vicky', 'Veronique'
Eissalat: 'Barcelona', 'Bennie', 'Fortunas', 'Gustinas', 'Minas', 'Templin'
Lollo Bionda: 'Aleppo', 'Barman', 'Experience', 'Lorenzo', 'Onyx'
Lollo Rossa: 'Cavernet', 'Concorde', 'Solsun', 'Solmar', 'Telex'
Kraussalat: 'Bentley', 'Navara', 'Sirmai', 'Smile'
Endivien, Zuckerhut und **Chicorée** werden kaum befallen.

* Vor allem Falsche Mehltaupilze sind unglaublich anpassungsfähig, daher gelten Resistenzen meist nur gegenüber bestimmten Pilzrassen. Da man als Hobbygärtner in der Regel nicht ausdrücklich weiß, welche spezifischen Rassen oder Typen am eigenen Wohnort oder in der Region auftreten, lohnt es sich, beim örtlichen Pflanzenschutzdienst nachzufragen oder einfach mehrere resistente Sorten zu testen.

Zickige Zierpflanzen?

Malvenrost

Allgemeines: Eines muss man dem Pilz *Puccinia malvacearum* lassen: Er macht es dem Gärtner leicht, ihn zu erkennen – vor allem die Blätter der Stockrose *(Alcea rosea)* sind oft über und über mit gelben bis orangebraunen Pünktchen gesprenkelt, die nach und nach größer werden. Schließlich vertrocknet das befallene Gewebe und fällt oft auch aus, sodass kleine Löcher zurückbleiben. Auf den Blattunterseiten sind braune Sporenlager zu sehen. Bei starkem Befall sterben die Blätter ab. Vom Malvenrost bleibt nahezu keine Stockrose verschont, insbesondere dann nicht, wenn die in der Regel zweijährigen Pflanzen einmal länger leben. Litt eine Stockrose bereits im zweiten Standjahr sehr unter Malvenrost, ist es oft besser, sie nach der Blüte zu entfernen, da sie im dritten Jahr höchstwahrscheinlich sehr unansehnlich wird.

Malvenrost zeigt sich an den Blattunterseiten durch braune Sporenlager. Entfernen Sie befallene Blätter.

Vorbeugen: Es gibt bislang keine resistenten Stockrosen, immer mehr Anhänger findet jedoch *Alcalthaea, eine* Kreuzung aus Stockrose und Echtem Eibisch *(Althaea officinalis),* die deutlich seltener vom Malvenrost befallen wird. Die Sorten 'Parkallee', 'Parkfrieden', 'Parkrondell' und 'Poetry' sind nahezu resistent. Generell gilt: Wählen Sie für Stockrosen einen sonnigen Platz, an dem vorher möglichst noch keine Stockrosen standen, und pflanzen Sie nicht zu dicht, damit Feuchtigkeit rasch verdunstet. Achten Sie beim Gießen darauf, die Blätter nicht zu benetzen. Überdüngte Pflanzen sind anfälliger. Pflanzenstärkungsmittel können die Widerstandskraft erhöhen. Im Beethintergrund stört es nicht, wenn die älteren unteren Blätter abfallen.

Bekämpfen: Nicht notwendig, da es sich um ein rein optisches Problem handelt, die Pflanzen selbst verkraften den Befall gut. Bei den zugelassenen Wirkstoffen gibt es leider kein »kleineres Übel«, sie sind aus Umweltsicht durchweg nicht empfehlenswert. Befallene Blätter frühzeitig entfernen, damit sich der Pilz nicht ausbreitet.

Geranienrost

Allgemeines: Der Pilz *Puccinia pelargonii-zonalis)* verursacht auf den Blattoberseiten gelbliche Flecken, in deren Mitte man bei genauem Hinsehen oft einen dunklen, vertrockneten Punkt bemerkt. Auf den Blattunterseiten sind helle

Flecken zu sehen, im weiteren Verlauf auch braune, oft kreisförmige Sporenlager.
Vorbeugen: Wählen Sie für Geranien einen sonnigen Platz und setzen Sie sie nicht zu dicht, damit die Pflanzen nach einem Regenguss rasch abtrocknen. Überdacht stehende Pflanzen werden in der Regel nicht befallen. Beim Gießen die Blätter möglichst nicht benetzen. Bedarfsgerecht düngen, überdüngte Pflanzen sind anfälliger. Pflanzenstärkungsmittel können die Widerstandskraft erhöhen.
Bekämpfen: Eine chemische Bekämpfung ist nicht erforderlich. Befallene Blätter am Stängelansatz umknicken – dort befindet sich eine Sollbruchstelle – und entsorgen. Werden Kübelpflanzen überdacht gestellt, erledigt sich das Problem von selbst.

Chrysanthemenrost

Allgemeines: Chrysanthemen können gleich von zwei *Puccinia*-Vertretern befallen werden, dem Weißen Chrysanthemenrost *(Puccinia horiana)* und dem Chrysanthemenrost *(Puccinia chrysanthemii)*. Beide bilden auf den Blattunterseiten cremefarbene, später graue bis braune, pockenähnliche Sporenlager. Auf den Blattoberseiten sind – wie bei vielen Rostkrankheiten – helle Punkte oder größere, helle Flecken zu sehen, die sich später zu größeren Arealen ausdehnen.
Vorbeugen: Auch hier gilt es vor allem, die Pflanzen möglichst trocken zu halten: Sonnig und nicht zu dicht pflanzen, beim Gießen nicht die Blätter benetzen, Kübelpflanzen möglichst überdacht platzieren. Bedarfsgerecht düngen, überdüngte Pflanzen sind anfälliger. Pflanzenstärkungsmittel können die Widerstandskraft erhöhen.
Bekämpfen: Bei den zugelassenen Wirkstoffen gibt es leider kein »kleineres Übel«, sie sind aus Umweltsicht durchweg nicht empfehlenswert. Regelmäßig kontrollieren und befallene Triebe herausschneiden.

Rost an Fuchsien, Pflaumen und Weißtannen

Beim Fuchsienrost bilden sich auf den Blattunterseiten orangefarbene bis braune Sporenlager, blattoberseits fallen trockene, von einem violettschwarzem Ring umgebene Flecken auf. Die Krankheit tritt vor allem in feuchten Sommern auf und beginnt an den unteren Blättern, die Folge können nahezu kahle Fuchsien sein. Auch Nachtkerzen *(Oenothera)*, Weidenröschen *(Epilobium)* und Atlasblumen *(Godetia)* können befallen werden. Als Erreger des Fuchsienrosts kommen gleich zwei sogenannte wirtswechselnde Pilzarten in Betracht: *Tranzschelia pruni-spinosae* nutzt selten Aprikosen, Mirabellen, Pfirsiche und Schlehen als Nebenwirt, meist jedoch Pflaumen- und Zwetschenbäume. Als Zwischenwirt wechselt der Pilz gerne auf Anemonen, er ist jedoch nicht zwingend auf sie angewiesen. Vom Pflaumenrost befallen werden vor allem die Sorten 'Auerbacher', 'Cacaks Fruchtbare', 'Ersinger', 'Hauszwetsche', 'Katinka', 'Ruth Gerstetter', 'Sanctus Hubertus', 'Stanley' und 'Valjevka'. Bei starkem Befall kann der Erreger erheblichen Blattfall und Ernteeinbußen verursachen, das ist im Garten jedoch die Ausnahme. Der zweite Pilz, *Puccineastrum epilobii*, ist auf Weißtannen als Nebenwirt spezialisiert und firmiert dann unter der Bezeichnung Weißtannensäulenrost. Verstärkter Nadelfall kann die Folge sein, in der Regel entstehen jedoch keine nennenswerten Schäden.

Vorbeugen: Widerstandsfähige Fuchsiensorten wie 'Elisabeth', 'Flying Cloud', 'Gruß aus dem Bodethal', 'Harry Gray', 'La Campanella' oder 'Marin Glow' werden nur selten befallen. Gegen Pflaumenrost sind die Sorten 'Anna Späth', 'Bühler', 'Zimmers' und 'Mirabelle de Nancy' gut gerüstet. Je mehr Wirte und Nebenwirte auf engem Raum beieinanderstehen, desto größer ist die Ansteckungsgefahr. Falls möglich, sollten Nebenwirte aus dem Garten verbannt werden. Gut zu wissen: *Tranzschelia pruni-spinosae* nutzt als Zwischenwirt gerne Anemonen, da er aber nicht zwingend auf sie angewiesen ist, lohnt sich das Entfernen kaum. Darüber hinaus gilt: Nicht zu dicht pflanzen, damit die Pflanzen nach einem Regenguss rasch abtrocknen, und immer direkt an den Pflanzenfuß gießen. Gehölze regelmäßig auslichten, damit Licht und Luft ins Kroneninnere gelangen. Bedarfsgerecht düngen. Pflanzenstärkungsmittel können die Widerstandskraft gegen Rostpilze erhöhen.
Bekämpfen: Die zugelassenen Wirkstoffe können aus Umweltsicht nicht empfohlen werden, zumal der Pilz immer wiederkehrt, solange der Wirt-Nebenwirt-Kreislauf fortbesteht. Beim Pflaumen- und Weißtannensäulenrost genügt es meist, befallene Pflanzenteile zu entfernen und abgefallene Blätter/Nadeln, soweit möglich, zusammenzurechen oder zu -kehren. Am stressfreiesten ist es, empfindliche Sorten durch robuste zu ersetzen.

Lilienhähnchen

Allgemeines: Ja, sie tun es wirklich: Wenn man die feuerroten Käfer mit dem schwarzem Kopf drückt, geben die hübschen, 0,5–1 cm großen Lilienhähnchen *(Lilioceris lilii)* ein leises Krähen von sich. Eher ein Krächzen entfährt hingegen mancher Gärtnerkehle, wenn die Käfer, vor allem aber ihre gefräßigen Larven ab April über Lilien, Kaiserkronen, Schachbrettblumen, Maiglöckchen, Gemüsezwiebeln und Knoblauch hergefallen sind. Die Eier und später die an kleine Nacktschnecken erinnernden Larven sitzen an den Blattunterseiten und sind ebenfalls charakteristisch orangerot gefärbt. Die Larven verbergen sich allerdings unter einer schwarzbraunen Kotschicht – als kleine Klümpchen sind sie zum Glück fast noch besser zu sehen. Achtung, Verwechslungsgefahr: Falls Sie zwar orangefarbene Käfer, aber keine Fraßschäden finden, könnte es sich auch um die harmlosen Feuerwanzen oder um den Rotgelben Weichkäfer *(Rhagonycha fulva)* handeln, dessen Larven als Schneckenfresser ausgesprochen nützlich sind.

Bei Gefahr lässt sich das Lilienhähnchen fallen.

Vorbeugen: In nützlingsfreundlichen Gärten finden sich zahlreiche natürliche Gegenspieler. Im Gemüsebeet bieten sich Kulturschutznetze an, die zudem viele andere Schaderreger abhalten.
Bekämpfen: Eine chemische Bekämpfung ist nicht erforderlich, es sind auch keine Wirkstoffe zugelassen. Ab April regelmäßig auf Lilienhähnchen und Eigelege kontrollieren. Eigelege zerquetschen. Erwachsene Käfer absammeln, am besten mithilfe eines Kehrblechs, denn bei drohender Gefahr lässt sich der Käfer vom Blatt auf die Erde fallen. Dabei dreht er sich gezielt auf den Rücken, denn mit seiner schwarzen Unterseite ist er dann nur noch schwer zu sehen. Die an den Blattunterseiten sitzenden Larven können Sie mit einem scharfen Wasserstrahl einfach wegspritzen – einmal von der Pflanze gespült, finden sie den Rückweg nicht mehr.

Feuerwanzen

Allgemeines: Ihr leuchtend roter Rückenschild mit der auffälligen Zeichnung wirkt wie ein Alarmsignal, tatsächlich sind die rund 1 cm großen Feuerwanzen *(Pyrrhocoris apterus)* aber vollkommen harmlos und richten keinen Schaden an, selbst wenn sie in Massen auftreten.
Vorbeugen: Besonders häufig findet man Feuerwanzen unter Malvengewächsen, Linden und Robinien. Wer sich an ihnen stört: Im Frühjahr sitzen die Feuerwanzen aneinandergeklammert als »Überwinterungsballen« am Pflanzenfuß und lassen sich mit dem Kehrblech problemlos umsiedeln.
Bekämpfen: Eine Bekämpfung ist nicht erforderlich, daher sind auch keine Wirkstoffe gegen die attraktiven, bei Kindern sehr beliebten Insekten zugelassen.

Wühlmäuse

Allgemeines: Wenn von Wühlmäusen die Rede ist, sind im Garten in der Regel Schermäuse gemeint, seltener auch mal Feldmäuse. Feldmausgänge sind leicht zu erkennen, denn sie verlaufen zumeist offen direkt an der Erdoberfläche. Feldmäuse beginnen mit dem Fraß in der Regel auch oberirdisch, während Schermäuse zunächst die Wurzeln annagen. Besteht ein Verdacht auf Schermäuse, muss eine Verwechslung mit dem unter Naturschutz stehenden Maulwurf ausgeschlossen werden. Dabei hilft zunächst ein Blick auf den Erdhaufen am Gangende: Ein Maulwurfsgang endet in einem senkrecht nach oben führenden Haufen, während die Schermaus die Erde seitlich auswirft. Gewissheit liefert die Verwühlprobe, für die der

Keine Schädlinge: Feuerwanzen sind harmlos.

Gang geöffnet wird. Eine Schermaus wird den Gang innerhalb einer halben Stunde, maximal aber innerhalb von 6 h schließen. Folgt hingegen auch danach noch keine Reaktion, handelt es sich um einen Maulwurfgang. Im Zweifel heißt es für den Angeklagten, denn der Maulwurf darf nicht bekämpft werden!

Vorbeugen: Der beste Schutz vor einer Mäuseplage – die in klimatisch günstigen Jahren tatsächlich eintreten kann – sind eine Katze und ein naturnaher Garten, denn dort schauen Mauswiesel, Hermelin, der als »Automarder« verschriene Steinmarder und andere Fressfeinde am ehesten vorbei. Auch die Pflanzen selbst können geschützt werden. Methoden zum Vorbeugen und/oder Vergrämen – also Abschrecken – stellen sich regelmäßig als nicht zuverlässig heraus. Testweise kann man aber natürlich dennoch empfindliche Pflanzen mit Knoblauchzehen umstecken, Narzissen oder Kaiserblumen im Staudenbeet verteilen, Buttermilch in die Gänge schütten, Hundehaare hineinschieben oder es mit Ultraschallgeräten versuchen – die Befindlichkeiten scheinen bei Mäusen ebenso individuell zu sein wie beim Menschen. Für Schermäuse ungiftige Gase, die ins Tunnelsystem geleitet werden, schneiden mittelfristig nicht besser ab, da etwaig vergraulte Tiere oft wieder zurückkehren.

Bekämpfen: Eine direkte Bekämpfung ist im zeitigen Frühjahr und im Herbst am erfolgversprechendsten, da die Nagetiere dann besonders intensiv nach Nahrung suchen. Schlagfallen sind ebenso effektiv wie sicher, daher sollte von Giftködern abgesehen werden – die obendrein Kinder, Haustiere und andere Gartenbewohner gefährden. Giftgas ist, wenn überhaupt, ein Fall für professionelle Schädlingsbekämpfer!

Wühlmausgänge können einen Rasen in ein Labyrinth verwandeln. Das effektivste Gegenmittel sind Katzen.

Gefurchter Dickmaulrüssler

Allgemeines: Unauffällig geht anders. Dank des charakteristischen Buchtenfraßes an den Blatträndern kommt man dem possierlichen Käfer mit dem gefurchten Rücken schnell auf die Spur. Die Fraßschäden allein wären sogar ein tolerierbares Problem. Wirklich rücksichtslos benimmt sich jedoch der Nachwuchs von *Othiorynchus sulcatus.* Die Larven des schwarzen, 10–12 mm großen Krabblers knabbern nämlich im Verborgenen an den Pflanzenwurzeln und können dadurch auch größere Gehölze zum Absterben bringen. Rhododendron, Azaleen und Heidekraut, Eiben, Fichten und Wacholder sowie Wein, Erdbeeren und anderes Beerenobst werden besonders gern befallen.

Vorbeugen: In einem naturnah gestalteten Garten halten Fressfeinde den Dickmaulrüssler in Schach.
Bekämpfen: unkompliziert und hoch effektiv ganz ohne chemische Pflanzenschutzmittel möglich. Gegen die gefräßigen Larven helfen parasitäre Nematoden der Arten *Heterorhabditis bacteriophora* und *Steinernema kraussei*, die auch im Profi-Anbau eingesetzt werden. Die nachtaktiven erwachsenen Käfer verstecken sich gerne in mit Holzwolle gefüllten Dosen oder Blumentöpfen. Einfach von Anfang Mai bis Anfang September neben befallenen Pflanzen platzieren und regelmäßig direkt in die Biotonne entleeren beziehungsweise vorher töten (als »humanste« Methoden gilt Einfrieren). Alternativ können sie speziell gefertigte Dickmaulrüsslerfallen aufstellen, die ein nematodenhaltiges Gel enthalten.

Der auffällige Buchtenfraß verrät den Dickmaulrüssler. Seine Larven knabbern an den Pflanzenwurzeln.

Rhododendronzikade

So attraktiv die etwa 1 cm große Rhododendronzikade *(Graphocephala fennahi)* auch ist, aus Gärtnersicht hat sie einen Schönheitsfehler: Sie ritzt die Blütenknospen von Rhododendren an, um ihre Eier hineinzulegen, und überträgt dadurch – wenn auch unfreiwillig – Sporen des Pilzes *Pycnostysanus azaleae.* Die Eiablage selbst schädigt die Rhodoblüten oft gar nicht wesentlich, auch dass die Larven später an den Blättern saugen, ist in der Regel kein Problem. Der Pilz hingegen verursacht die sogenannte Knospenbräune: Die Blütenknospen treiben nicht aus, stattdessen zeigen sich zunächst einzelne schwarze Punkte, bis die Knospe schließlich komplett mit einem flaumigen, schwarzen Pilzrasen bedeckt ist. Da die Blüten nicht abfallen, sind sie über Jahre hinweg Infektionsherde.

Vorbeugen: Optimale Wachstumsbedingungen schaffen, um die Pflanzen zu stärken. Das bedeutet vor allem: Rhododendron- oder Moorbeeterde und -dünger verwenden sowie möglichst mit Regenwasser gießen, damit der pH-Wert im sauren Bereich bleibt.
Bekämpfen: Eine effektive chemische Bekämpfung des Pilzes ist nicht möglich. Umso wichtiger ist es, Rhododendren ab Februar regelmäßig zu kontrollieren und befallene Knospen möglichst frühzeitig auszubrechen. Da die Zikaden um diese Zeit noch nicht aktiv sind, lässt sich eine Ausbreitung des Pilzes auf diese Weise oft verhindern. Die Zikaden zu bekämpfen ist zwar genau genommen ganz schön unfair, kommt aber bei starkem Befall als zusätzliche Maßnahme in Betracht. Über im Mai aufge-

Die Rhododendronzikade selbst richtet kaum Schaden an, überträgt aber die Knospenbräune.

Von Knospenbräune betroffene Rhododendronknospen bleiben lange haften, wenn man sie nicht ausbricht.

hängte Gelbtafeln können Sie zunächst feststellen, wie stark der Befall tatsächlich ist. (Spätestens Mitte Juni werden die Tafeln wieder abgenommen, um Nützlinge zu schonen.) Als Notfallmaßnahme können Sie bei starkem Befall mit Präparaten auf Basis von Rapsöl spritzen – am besten in den frühen Morgenstunden, dann sind die Zikaden noch in der Kältestarre und springen nicht gleich weg. Beim Besprühen auch an die Blattunterseiten denken, denn dort sitzen die Larven.

Rosen – eine Klasse für sich

Noch vor wenigen Jahrzehnten waren die Themen Rosen und Spritzmittel nahezu untrennbar miteinander verbunden. Heute steht die Königin der Blumen besser da denn je – und zwar ganz ohne Spritzen, dem Trend zu neuen, robusten Sorten sei Dank. Mit ADR-Rosen (siehe S. 33) können selbst Rosenanfänger nicht viel falsch machen – perfekt für den Naturgarten, in dem nicht gespritzt wird. Auch Wildrosen sind wundervolle, ausgesprochen robuste Geschöpfe: Die Vielblütige Rose *(Rosa multiflora)*, die salz- und windverträgliche Kartoffel-Rose *(Rosa rugosa)* oder die sehr hitze- und trockenheitstolerante Hunds-Rose *(Rosa canina)* liefern neben intensiv duftenden, nektarreichen Blüten oft auch noch attraktive Hagebutten. Wer dennoch die eine oder andere empfindliche Rosensorte ins Herz geschlossen hat, sollte vor allem auf optimale Standortbedingungen und eine sorgfältige Pflege achten, denn die derzeit zugelassenen Fungizide sind aus Umweltsicht als nicht empfehlenswert einzustufen. Eine Ausnahme bilden Produkte auf Schwefelbasis gegen Pilze wie den Echten Mehltau.

Zu viel Dünger begünstigt den Falschen Mehltau.

Sternrußtau macht seinem Namen alle Ehre.

Pilzkrankheiten vorbeugen

Rosen sind Sonnenkinder. Insbesondere empfindliche Sorten sollten sonnig stehen – allerdings nicht zu geschützt, sondern luftig. Denn wenn der Wind durch die Triebe streichen kann, trocknen sie schneller ab und das Risiko für eine Pilzerkrankung sinkt. Aus demselben Grund sollte man den empfohlenen Pflanzabstand einhalten: 40 cm bei Beet- und Edelrosen sowie kleinere Arten, 1–1,5 m bei Strauch- und Kletterrosen. Damit die Blätter nicht nass werden, Rosen am besten ohne Brauseaufsatz direkt an den Pflanzenfuß gießen – und zwar besser morgens als abends, da sich nachts die Feuchtigkeit länger halten würde. Immer beliebter werden Topfrosen – zumindest bei den Menschen, Rosen dürften Töpfe eher verfluchen, da sie meist zu klein sind. Für die Tiefwurzler muss ein Gefäß mindestens 40 cm hoch sein, je größer der Topf, desto besser. Achten Sie außerdem auf ein Wasserabzugsloch, auch eine zusätzliche, 3–5 cm starke Dränageschicht aus Blähtonkügelchen ist empfehlenswert. Vorsicht ist auf Südbalkonen angebracht, da sich dort leicht ein Hitzestau entwickeln kann, das wird selbst den sonnenhungrigen Rosen schnell zu viel.

Sternrußtau

Allgemeines: einer der häufigsten pilzlichen Schaderreger an Rosen, tritt vor allem in feuchten Sommern auf. Sternrußtau *(Diplocarpon rosae)* verursacht schwarz-violette, oft sternförmige Blattflecken, später werden die Blätter gelb und fallen ab.

Bekämpfen: erkrankte Blätter entfernen, bereits abgefallene Blätter aufsammeln.

Deshalb ist ein großzügiger Pflanzabstand,

durch den eine gute Durchlüftung gewährleistet ist, die beste Vorsorge. Vorbeugend können Sie zudem Pflanzenstärkungsmittel wie Schachtelhalmextrakt einsetzen, um die Widerstandskraft der Rosen zu erhöhen.

Rosenrost

Allgemeines: Der Pilz *Phragmidium mucronatum* ist an gelblichen Punkten auf der Blattoberseite zu erkennen, verursacht von den auf der Unterseite sitzenden, orangefarbenen, später dunkelbraunen Sporenlagern.

Bekämpfen: erkrankte Blätter entfernen, bereits abgefallene Blätter aufsammeln.

Rosengall- und Rosenblattrollwespe

Die Weibchen der Gemeinen Rosengallwespe *(Diplolepis rosae)* legen im Mai/Juni ihre Eier in Rosenknospen, betroffen sind fast ausschließlich Wildrosen. Die Knospen mutieren daraufhin zu etwa 5 cm großen moosartigen Kugeln, die erst grün, dann rötlich gefärbt sind.

In zusammengerollten Rosenblättern verbergen sich die 5–10 mm langen, erst weißlichen, dann grünen Larven der Rosenblattrollwespe *(Blennocampa pusilla)*.

Vorbeugen: Ein naturnah gestalteter Garten zieht Gegenspieler an.

Bekämpfen: nicht notwendig, betroffene Knospen oder Blätter einfach entfernen, abgefallene Blätter aufsammeln.

Rosenblatt- und Rosensägewespen

Allgemeines: Rosenblattwespen *(Caliroa aethiops)* und Rosensägewespen *(Allantus cinctus)* können in manchen Jahren in Massen auftre-

Rosenrost ist dank der Sporenlager gut zu erkennen.

Die Kinderstube der Blattrollwespe einfach abzupfen.

ten. Die raupenähnlichen Larven der Rosenblattwespen fressen an den Blatträndern sowie Löcher in die Rosenblätter. Rosensägewespen fressen Löcher in die Blätter, wobei sie die Blattoberhaut verschmähen, wodurch die Löcher wie mit Transparentpapier bespannt aussehen.
Vorbeugen: Garten naturnah gestalten, um Gegenspieler anzulocken.
Bekämpfung: Es sind keine Pflanzenschutzmittel zugelassen. Wer seine Pflanzen regelmäßig kontrolliert, kann einzelne Larven einfach absammeln. Bei starkem Befall schneiden Sie die befallenen Pflanzenteile ab.

Rosentriebbohrer

Allgemeines: Die Larven des Abwärtssteigenden und des Aufwärtssteigenden Rosentriebbohrers *(Ardis brunniventris* und *Blennocampa elongatula)* fressen sich von der mit Kotkrümeln besetzten Bohrstelle an im Mark etwa 4 cm nach unten beziehungsweise 12 cm nach oben. Oberhalb des Bohrlochs verkümmern die Knospen, die Triebspitzen biegen sich um und sterben ab.
Vorbeugen: Garten naturnah gestalten, um Gegenspieler anzulocken. An frostfreien Tagen den Boden unter den Rosen hacken, um dort überwinternde Larven zu dezimieren.
Bekämpfung: Der Einsatz von azadirachtinhaltigen Pflanzenschutzmitteln ist zwar möglich, aber nicht notwendig! Stattdessen befallene Triebe bis ins gesunde Holz zurückschneiden. Morgens ein Tuch unter den Rosen ausbreiten und die Stängel vorsichtig abklopfen: Larven, die bereits wieder Richtung Boden wandern, um dort zu überwintern, fallen herab und können entsorgt werden – im nächsten Jahr sinkt der Befall.

Die Schere hilft bei Rosenblattwespen.

Rosenzikade

Allgemeines: ab Anfang Mai saugen die Larven, ab Ende Mai auch die erwachsenen Rosenzikaden *(Edwardsiana rosae)* jeweils einzelne Blattzellen aus, beginnend entlang des Hauptblattnervs. Aufgrund der leeren Zellen erhält die Blattoberfläche mit der Zeit einen silbrigen Glanz. Ein nennenswerter Blattfall ist nur in sehr heißen, trockenen Sommern mit starkem Befall zu erwarten.
Vorbeugen: Garten naturnah gestalten, um Schlupfwespen und andere Gegenspieler anzulocken. Ein luftiger Stand beugt einem Zikadenbefall vor – und obendrein Pilzerkrankungen wie Echtem Mehltau und Sternrußtau.
Bekämpfen: bei starkem Befall mit Produkten auf Rapsölbasis spritzen.

Buchs – ganz schön begehrt

Kilometer von Buchseinfassungen und -hecken ziehen sich durch Deutschlands Gärten, oft mit viel Liebe und Geduld aus handgroßen Stecklingen gezogen. Umso schmerzhafter ist für viele Gärtnerinnen und Gärtner das derzeitige Los des hübschen Gehölzes: Ob tierische oder pilzliche Schaderreger, alle, alle wollen ihm an den Kragen – mit seiner dichten, frischgrünen Belaubung sieht er wohl einfach zu appetitlich aus. Besonders gefährdet sind die empfindlicheren Sorten 'Suffruticosa', 'Blauer Heinz', 'Raket', 'Handworthiana' und 'Rotundifolia', zumal, wenn sie in großer Zahl auf kleiner Fläche anzutreffen sind, etwa auf Friedhöfen oder in Bauerngärten. Weniger stark betroffen sind 'Arborescens', 'Elegantissima', 'Faulkner' und 'Herrenhausen'. Mancherorts droht die Buchspflege aufgrund des Schaderregerdrucks zum Vollzeitjob auszuarten. Wo das der Fall ist und halbwegs adrette Buchsbäumchen nur noch bei regelmäßigem Einsatz von Pflanzenschutzmitteln zu erwarten sind (was bei zwei bis drei Generationen pro Jahr auch empfindlich ins Geld geht), sollte umgesteuert werden. Denn es gibt eine ganze Reihe von Ziergehölzen, die dem Buchs optisch in nichts nachstehen und ebenfalls sehr gut schnittverträglich sind. Zur Wahl stehen beispielsweise Japanische Stechpalme (*Ilex crenata,* z.B. 'Convexa', 'Dark Green', 'Robustico', 'Rotundifolia', 'Stokes'), Glänzende Heckenkirsche *(Lonicera nitida),* Liguster (z.B. *Ligustrum vulgare* 'Lodense'), Berberitze (z.B. *Berberis buxifolia* 'Nana') und Lebensbaum (*Thuja occidentalis* 'Teddy').

Sichelförmige Blattränder sind das Werk der Zünsler.

Der Buchsbaumzünsler webt ein feines Gespinst.

Buchsbaumzünsler

Allgemeines: Die grün-schwarzen Raupen des ostasiatischen Kleinschmetterlings *Cydalima perspectalis* wachsen von anfangs 4 mm nach einigen Häutungen auf eine Größe von 3–5 cm heran. Im Zuge dessen verändert sich auch das Schadbild: Anfangs schaffen es die Räupchen gerade mal, die weicheren Blattunterseiten von innen nach außen abzuschaben, woraufhin die Blätter eintrocknen. Später werden die Blätter bis auf einen vertrockneten sichelförmigen Rand komplett verzehrt – es kann zu Kahlfraß kommen und selbst die Rinde wird nicht verschmäht. Hinweise auf einen Befall liefern neben den Blattschäden feine Gespinste, braun-schwarze Kotkrümel, braune Puppenhülsen und zusammenklebende Blättchen, zwischen denen man Räupchen findet.

Vorbeugen: Der Buchsbaumzünsler ist zwar nicht in Deutschland heimisch, hat aber dennoch von Vögeln und Igeln bis zu anderen Insekten viele Fressfeinde. Ein nützlingsfreundlich gestalteter Garten lockt sie an.

Bekämpfen: Frühzeitig kontrollieren, dabei den Buchs auseinanderdrücken und einen Blick in die Pflanzenmitte werfen, denn dort fressen die Raupen als Erstes. Bei geringem Befall Raupen absammeln, auf eine untergelegte Plane abbürsten oder ihnen mit einem Staubsauger, Gartenschlauch oder Hochdruckreiniger zu Leibe zu rücken. Stärker befallene Pflanzenteile abschneiden. Pflanzenschutzmittel wirken am besten auf die noch kleinen Räupchen ein – beim Spritzen immer auch das Pflanzeninnere behandeln! Zur Bekämpfung kommen Produkte mit *Bacillus thuringiensis* infrage. Noch in der Erprobungsphase, aber sehr vielversprechend ist der Einsatz von parasitären Nematoden der Art *Steinernema carpocapsae*. Azadirachtin in Monoformulierung ist prinzipiell ebenfalls wirksam, sollte aber angesichts der Alternativen vermieden werden.

Buchsbaumblattfloh

Allgemeines: Im April/Mai finden sich an den Triebspitzen vieler Buchsbäume watteartige Flocken und löffelförmig verkrümmte Blättchen. Beides deutet auf den Buchsbaumblattfloh *(Psylla buxi)* hin: Unter den weißen Wachsfäden verbergen sich die grünbraunen Larven. Wie auch die erwachsenen Tiere saugen sie an den Blättern und speisen dabei Substanzen ein, die zu den charakteristischen Verkrümmungen führen. Unter den gebogenen »Sonnenschirmen« sind die Schädlinge gut geschützt – weshalb beim Spritzen auch gründlich von

Buchsbaumblattfloh an den Triebspitzen.

unten behandelt werden muss. Auf den zuckerhaltigen Ausscheidungen der Blattflöhe siedeln sich gerne Rußpilze an. Totalausfälle sind durch den Buchsbaumblattfloh selten, aber die geschwächten Pflanzen sind anfälliger für weitere Erreger.

Vorbeugen: Garten nützlingsfreundlich gestalten, um Gegenspieler anzulocken.

Bekämpfung: Wer seine Pflanzen regelmäßig kontrolliert und befallene Triebspitzen abschneidet, kann sich das Spritzen sparen. Um möglicherweise noch vorhandene Eigelege zu entfernen, den Buchs im Herbst noch einmal um etwa 5 cm einkürzen. Möglich sind Pflanzenschutzmittel auf Basis von Rapsöl.

Schwarze Streifen auf den Trieben weisen auf den Pilz *Cylindrocladium buxicola* hin.

Buchsbaumsterben

Allgemeines: Blätter, die mit dem Pilz *Cylindrocladium buxicola* infiziert sind, zeigen erst einzelne dunkle Blattflecken, die immer größer werden, bis das ganze Blatt verbräunt ist. Die Sporenlager auf den Blattunterseiten sind weiß. Im Gegensatz zum Buchsbaumkrebs rieseln mit *Cylindrocladium* befallene Blätter rasch zu Boden. Auf den Trieben selbst sind außerdem schwarze Längsstreifen zu sehen, später sterben ganze Triebe oder die ganze Pflanze ab.

Vorbeugen: siehe Buchsbaumkrebs.

Bekämpfen: siehe Buchsbaumkrebs. Die zur Verfügung stehenden Pflanzenschutzmittel sind aus Umweltsicht nicht empfehlenswert und wirken zudem nur vorbeugend – was keine Notfallmaßnahme, sondern regelmäßiges Spritzen bedeuten würde. Konsequente und penible Hygiene ist beim Buchsbaumsterben daher die einzige wirkungsvolle Gegenmaßnahme, um einen Befall einzudämmen.

Zweigsterben / Buchsbaumkrebs

Allgemeines: »Buchsbaumkrebs« ist der umgangssprachliche Begriff für das vom Pilz *Volutella buxi* verursachte Zweigsterben. Stumpfe, glanzlose Blätter sind ein erster Hinweis auf eine Infektion, später werden die Blätter braun und vertrocknen, bleiben jedoch im Gegensatz zum Buchsbaumkrebs meist am Trieb haften. Ein Blick auf die Blattunterseiten zeigt hellrosafarbene Sporenlager. Vor allem an älteren Trieben kann der Pilz zudem Risse und Wucherungen hervorrufen.

Vorbeugen: Buchsalternativen oder zumindest weniger anfällige Buchssorten wählen. Überdacht stehende Pflanzen werden nur sehr selten befallen. Wo erkrankte Buchsbäume ent-

Beim Buchsbaumkrebs, verursacht vom Pilz *Volutella buxi,* bleiben die vertrockneten, gelben Blätter lange haften.

fernt wurden, mindestens vier Jahre keinen neuen Buchs pflanzen. Für optimale Wachstumsbedingungen sorgen, um die Pflanzen zu stärken: Sonnig, luftig und nicht zu eng pflanzen, da Feuchtigkeit die Infektionsgefahr erhöht. Aus demselben Grund nur direkt an den Pflanzenfuß gießen, die Blätter sollten trocken bleiben. Bei schweren Böden Sand einarbeiten, um den Wasserabzug zu verbessern, bei sandigen Böden mit Kompost die Wasserhaltekraft steigern. Bedarfsgerecht düngen. Regelmäßig auf Anfangsbefall kontrollieren.

Bekämpfen: Gegen Buchsbaumkrebs helfen Pflanzenschutzmittel auf Schwefelbasis. Weiteres Vorgehen sowohl bei Befall mit Buchsbaumkrebs als auch beim Buchsbaumsterben: Plane unterlegen, dann befallene Triebe großzügig bis ins gesunde Holz (also Bereiche ohne Symptome) zurückschneiden. Schnittgut und abgefallene Blätter vorsichtshalber nicht über den Kompost entsorgen, sondern über den Haus- oder Biomüll. Schnittwerkzeuge mit 70-prozentigem Alkohol desinfizieren. Auch Schuhe, Gießkannen und sonstiges verwendetes Gerät desinfizieren sowie die Kleidung wechseln, ehe an noch gesunden Pflanzen gearbeitet wird – aufgrund des Aufwands besser immer umgekehrt arbeiten, von den gesunden zu den kranken Pflanzen. Herabrieselnde Blätter regelmäßig aufsammeln oder mit dem Staubsauger entfernen. Um stark befallene Pflanzen nicht zu lange kämpfen, sondern sie stattdessen zeitnah ausgraben und mitsamt der Erde unterhalb der Buchskrone entsorgen; alles andere begünstigt die weitere Ausbreitung des Erregers.

Grummeliges Gemüse?

Ein gut bestücktes Gemüsebeet wird schnell zum beliebten Fly-in: Vor allem Schadfliegen, -mücken und -schmetterlinge nutzen das reichhaltige Angebot, um mitten in der Speisekammer ihre Kinderstube einzurichten. Auch Krankheitserreger tummeln sich mit Vorliebe im Gemüsebeet, insbesondere bei dichter Pflanzung und wenn viele Jahre hintereinander immer dieselben Arten angebaut wurden. Dass all diese Schaderreger ähnliche Gewohnheiten haben, bietet jedoch auch Vorteile: Krankheitserreger kann man durch Mischkultur und Fruchtfolge irritieren und ihnen durch simple Hygienemaßnahmen das Leben schwer machen. Mit einem einzigen Kulturschutznetz können Sie nahezu alle tierischen Schaderreger auf einen Streich von den begehrten Gemüsereihen fernhalten. Und im Gewächshaus bekommen Sie viele Schädlinge durch den Einsatz von Nützlingen aus dem Profisortiment in den Griff.

Appetitlich ist anders: Die Larven der Möhrenfliege durchziehen die Wurzeln mit ihren Fraßgängen.

Möhrenfliege

Allgemeines: Die Larven der Möhrenfliege *(Chamaepsila rosae)* machen das Wurzelgemüse ungenießbar.

Vorbeugen: Wählen Sie wenig anfällige Möhrensorten wie 'Flyaway', 'Ingot F1' oder 'Sytan'. Kulturschutznetze verwenden. Weite Fruchtfolgen einhalten. Bei einem sehr frühen Anbau sind die Larven noch zu klein, um die Möhren zu schädigen. Alternativ bietet sich ein später Anbau an, denn mangels Möhren zur Eiablage sind die Möhrenfliegen der ersten Generation dann in andere Gärten ausgewichen.

Bekämpfen: im Hobbybereich sind keine chemischen Pflanzenschutzmittel zugelassen.

Kleine und Große Kohlfliege

Allgemeines: Der Wurzelhals von Kreuzblütlern (siehe Tabelle S. 46) dient der Kleinen Kohlfliege *(Delia brassicae, D. radicum)* und der Großen Kohlfliege *(D. floralis)* zur Eiablage, die geschlüpften Larven fressen an den Blättern und Wurzeln und können die Pflanzen zum Absterben bringen.

Vorbeugen: weite Fruchtfolgen einhalten. Kulturschutznetze verwenden. Alternativ Kohlkragen kaufen oder aus 0,5 cm dickem Filz oder

aus Wellpappe selbst basteln: Eine Scheibe mit 15–20 cm Durchmesser ausschneiden, dann vom Rand bis zur Mitte hin einschneiden und um den Pflanzenhals legen. Dadurch ist der Wurzelhals geschützt. Tipp: Durch über Kreuz geführte Einschnitte in der Scheibenmitte passt sich der Kragen noch besser an.
Bekämpfen: im Hobbybereich sind keine chemischen Pflanzenschutzmittel zugelassen.

Wurzelfliegen

Allgemeines: Die Wurzeln und Blätter von Keimlingen, insbesondere von Bohnen, Spargel und Zwiebelgewächsen, sind das Ziel vieler verschiedener Larvenarten.
Vorbeugen: Kulturschutznetze. Weite Fruchtfolgen einhalten. Bohnen im Haus vorziehen.
Bekämpfen: Im Hobbybereich sind keine chemischen Pflanzenschutzmittel zugelassen.

Minierfliegen

Allgemeines: Verschnörkelte Fraßspuren weisen auf die Larven verschiedener Minierfliegenarten *(Agromyzidae)* hin, die insbesondere Möhren, Lauch und Spargel befallen. Durch die Miniergänge können auch Pilze und Bakterien leichter eindringen und zu Fäulnis oder Welkekrankheiten führen.
Vorbeugen: Kulturschutznetze verwenden. Weite Fruchtfolgen einhalten.
Bekämpfen: im Hobbybereich sind keine chemischen Pflanzenschutzmittel zugelassen.

Gallmücken

Allgemeines: Wenn Blumenkohl, Brokkoli und Rosenkohl keine Köpfe bilden und verdrehte Blätter aufweisen, geht dies meist auf die Larven der Kohldrehherzgallmücke zurück. Die Larven der Erbsengallmücke hinterlassen absterbende Blüten und Triebspitzen sowie deformierte Blätter und Hülsen.
Vorbeugen: Kulturschutznetze verwenden. Weite Fruchtfolgen einhalten.
Bekämpfen: im Hobbybereich sind keine chemischen Pflanzenschutzmittel zugelassen.

Kohlerdflöhe

Allgemeines: Vor allem in trockenen Jahren durchlöchern die sprungstarken Kohlerdflöhe *(Phyllotreta)* die Blätter junger Kohl-, Rauke-, Radi- und Rettichpflanzen und hemmen sie dadurch im Wachstum.
Vorbeugen: Kulturschutznetze verwenden. Weite Fruchtfolgen einhalten. Pflanzen auf der Fensterbank vorziehen. Pflanzen sind bereits

Klein, aber oho: Kohlerdflöhe katapultieren sich in atemberaubender Geschwindigkeit in die Höhe.

größer und dadurch weniger anfällig. Das Beet regelmäßig gießen und hacken. Ein Brett mit doppelseitigem Klebeband versehen und mit der Klebeseite nach unten über die Pflanzen ziehen. Aufspringende Käfer bleiben haften.
Bekämpfen: Im Hobbybereich sind keine chemischen Pflanzenschutzmittel zugelassen.

Schadschmetterlinge

Allgemeines: Kohleule, Kohlmotte, Kohlweißlinge, Kohlzünsler, Gammaeule, Wintersaateule, Lauchmotte, Erbsenwickler – sie alle sind gelegentlich im Gemüsebeet anzutreffen, wo ihre Larven an den oberirdischen Pflanzenteilen fressen oder als »Erdraupen« auch im Boden an Wurzeln und Stängeln. Doch auch geschützte Arten wie die Raupen des attraktiven Schwalbenschwanzes lieben Möhren, Pastinaken und Dill. Sie dürfen nicht bekämpft werden.
Vorbeugen: Kulturschutznetze verwenden. Weite Fruchtfolgen einhalten.
Bekämpfen: Hielt sich ein Kohlweißling auffällig lange am Gemüsebeet auf, lohnt es sich, die Pflanzen auf Eigelege zu kontrollieren (auch die Blattunterseiten) und diese zu zerdrücken. Raupen absammeln. Pflanzenschutzmittel auf Basis von *Bacillus thuringiensis*.

Sowohl Larven wie auch die erwachsenen Tiere des Kartoffelkäfers fressen an den Blättern und Trieben.

Kartoffelkäfer

Allgemeines: Die auffälligen Kartoffelkäfer *(Leptinotarsa decemlineata)* fressen tatsächlich fast ausschließlich an Kartoffeln, sehr selten auch an Tomaten, Paprika oder Auberginen.
Vorbeugen: Kulturschutznetze verwenden.
Bekämpfen: Blätter regelmäßig auf orangefarbene Eigelege kontrollieren, gefundene Eier zerdrücken. Käfer absammeln. Produkte auf Basis von Azadirachtin.

Kohlgallenrüssler

Allgemeines: Die Wurzelhälse von Kohlgewächsen verlocken den kleinen Käfer *Ceutorhynchus pleurostigma* ab April zur Eiablage. Nach kurzer Zeit zeigen sich dort oder an der Hauptwurzel kugelförmige hohle Wucherungen, die Gallen, innerhalb deren die Larven heranwachsen. Achtung, Verwechslungsgefahr: Auch bei einem Befall mit Kohlhernie bilden sich Gallen, die allerdings größer und nicht hohl sind. Aufschneiden bringt Klarheit.
Vorbeugen: Jungpflanzen genau ansehen und möglicherweise befallene Pflanzen aussortieren.
Bekämpfen: Schwierig, aber in der Regel auch nicht notwendig, da ältere Pflanzen mit einem Befall gut zurechtkommen.

Maulwurfsgrillen

Allgemeines: Mit ihren mächtigen Grabebeinen ist die 5 cm große Europäische Maulwurfsgrille *(Gryllotalpa gryllotalpa)* ein auffälliger Gartenbewohner, allerdings vorwiegend im Südwesten Deutschlands. Einerseits als Schadinsektenvertilger nützlich, frisst sie dummerweise auch an unterirdischen Pflanzenteilen und kann beim Bau ihrer Erdgänge Pflanzen beschädigen.
Vorbeugen: Garten nützlingsfreundlich gestalten, um Fressfeinde anzulocken.
Bekämpfen: Zur Paarungszeit im April/Mai Gläser oder Dosen von 10 cm Durchmesser in den Boden eingraben – der Rand sollte ebenerdig abschließen. Strahlenförmig um die Falle gelegte Holzlatten leiten auch Grillen aus dem weiteren Umkreis hinein. Häufig kontrollieren und versehentlich mitgefangene Nützlinge freilassen. Gegen die Larven der Maulwurfsgrillen können parasitäre Nematoden der Art *Steinernema carpocapsae* eingesetzt werden.

Wurzelnematoden

Allgemeines: Die mikroskopisch kleinen Würmer stechen die Pflanzenwurzeln an und beeinträchtigen dadurch die Wasser- und Nährstoffaufnahme. Zudem können durch die Wunden Krankheitserreger eindringen. Hinweise auf einen Nematodenbefall liefern gelbe oder verformte Blättern, Welkeerscheinungen und Wachstumsstörungen bis hin zum Absterben. Im Zweifel eine Pflanze ausgraben: Verdickte, eingeschnürte oder bartähnlich deformierte Wurzeln sind ein sicheres Zeichen. Achtung, Verwechslungsgefahr: Kugelähnliche Wurzeldeformationen können auf die Rechnung der Nematoden gehen, bei Hülsenfrüchtlern (siehe Tabelle S. 46) wie Erbsen und Bohnen deuten Kügelchen an den Wurzeln aber meist auf nützliche Knöllchenbakterien hin.
Vorbeugen: Weite Fruchtfolgen einhalten. Studentenblumen *(Tagetes patula* 'Single Gold', *Tagetes erecta)* und Ringelblumen *(Calendula officinalis)* als heilende Gründüngung einsetzen – ihre Wurzeln sondern für die Nematoden giftige Substanzen ab.
Bekämpfen: Im Hobbybereich sind keine chemischen Pflanzenschutzmittel zugelassen.

Weiße Fliege (Mottenschildläuse)

Allgemeines: Die Gewächshausmottenschildlaus *(Trialeurodes vaporariorum)* und die Baumwollmottenschildlaus *(Bemisia tabaci)* sind in erster Linie Gewächshausschädlinge: Die beiden als Weiße Fliege bezeichneten Arten fühlen sich bei hoher Luftfeuchtigkeit und hohen Temperaturen besonders wohl. Ihre Larven stechen die Pflanzen an und schwächen sie so. Ihr Speichel kann Deformationen verursachen und Viruskrankheiten übertragen. Auf dem Honigtau siedeln sich Rußpilze an.
Vorbeugen: im Garten durch eine nützlingsfreundliche Gestaltung. Im Gewächshaus durch häufiges Lüften Temperatur und Luftfeuchte niedrig halten (soweit für die Kulturen möglich), außerdem mögen die Insekten keine Zugluft. Raubwanzen einsetzen (siehe Bekämpfen).
Bekämpfen: Erwachsene Tiere mithilfe beleimter Gelbtafeln abfangen. Die Larven mit Schlupfwespen der Art *Encarsia formosa* bekämpfen. Für Pflanzen mit behaarten Stängel- und Blattoberflächen sind Raubwanzen der Arten *Macrolophus caliginosus* und *M. pygmaeus* besser geeignet. Gegen Weiße Fliege ist auch der Einsatz von Pflanzenschutzmitteln auf Basis von Rapsöl oder Kali-Seife möglich.

Spinnmilben

Allgemeines: Vor allem in warmen und trockenen Sommern können sich die Gemeine Spinnmilbe *(Tetranychus urticae)* und die Obstbaumspinnmilbe *(Panonychus ulmi)* explosionsartig vermehren. Die mit bloßem Augen gerade noch sichtbaren Tiere stechen einzelne Pflanzenzellen an und saugen diese aus. Die Blätter erscheinen leicht ausgeblichen und fallen dann ab – ohne vorher zu vertrocknen. Eine Lupe hilft dabei, auf den Blattunterseiten Milben oder ihre Eier auszumachen – sieht man feine Gespinste, auf denen die Milben umherwuseln, ist bereits eine sehr hohe Befallsstärke erreicht.
Vorbeugen: regelmäßig Gießen, im Gewächshaus zum Beispiel auch die Gehwegplatten, um die Luftfeuchte zu erhöhen und die Temperatur durch die entstehende Verdunstungskühle zu senken. Die Pflanzen selbst nur überbrausen, wenn die Pflanzenart oder -sorte gegen Pilzerkrankungen unempfindlich ist. Im Gewächshaus und Obstgarten Raubmilben der Gattung *Amblyseius* einsetzen.
Bekämpfen: Kübel- und Zimmerpflanzen abbrausen (vor allem die Blattunterseiten) und an einen luftigen Platz stellen. Kleinere Pflanzen noch nass in Kunststofftüten stecken und so für mehrere Tage an einen Platz im Halbschatten stellen. Aktiv geht die Raubmilbe *Phytoseiulus persimilis* gegen Spinnmilben vor. Viele weitere Nützlinge sind zwar nicht auf Spinnmilben spezialisiert, verdrücken sie aber ganz nebenbei mit und halten somit zumindest den Befallsdruck niedrig. Für Obstgehölze kommt die Raubmilbe *Typhlodromus pyri* Infrage. Gegen Spinnmilben ist zudem der Einsatz von Pflanzenschutzmitteln auf Basis von Rapsöl oder Kali-Seife möglich.

Thripse

Allgemeines: Von einigen räuberischen Nützlingen abgesehen, ernähren sich die meisten der 400 hiesigen Thripsarten von Pflanzensaft. Um an diesen zu gelangen, stechen die rund einen Millimeter großen Insekten einzelne Pflanzenzellen an und hinterlassen auf den Blättern zahlreiche silbrige Pünktchen sowie Kotflecken auf den Blattunterseiten. Beim Gemüse sind vor allem Zwiebel und Porree betroffen. Im Freiland treten nennenswerte Schäden nur bei sehr hohem Befall in warmen und trockenen Sommern auf. Im Gewächshaus können Thripse an Gurken, Tomaten, Paprika und Auberginen als Krankheitsüberträger problematisch werden. Früchte mit einer durch den Befall mit Thripsen rauen Oberfläche können verzehrt werden.
Vorbeugend: Im Freiland lohnen sich frühe Aussaaten und Pflanzungen, da es für die Insekten meist erst ab Mai warm genug ist. Auch Kulturschutznetze mit Maschenweiten unter einem Millimeter helfen. Im Gewächshaus Raubmilben der Gattung *Amblyseius* (insbesondere *Amblyseius cucumeris)* einsetzen, auf den behaarten Tomaten und Auberginen die Raubwanzen *Macrolophus caliginosus* und *M. pygmaeus*.
Bekämpfen: Thripse gehen Gelb- oder noch besser Blautafeln auf den Leim. Bei akutem Befall sind Larven der Florfliege *(Chrysoperla carnea)* schlagkräftige Helfer. Auch der Einsatz von Pflanzenschutzmitteln auf Basis von Rapsöl oder Kali-Seife, in zugelassenen Kulturen notfalls auch Azadirachtin ist möglich.

Weichfäule/Glasigkeit

Allgemeines: Matschiges, unangenehm riechendes Pflanzengewebe geht häufig auf das Bakterium *Erwinia carotovora* zurück. Betroffen

sind vor allem Möhren, Porree, Zwiebeln, Sellerie, Kohlgewächse, Gurken und Zucchini.
Vorbeugen: Weite Fruchtfolge. Tierische Schaderreger durch Kulturschutznetze bannen, da die Schädlinge die Pflanzen verletzen und damit potenzielle Eintrittspforten für Krankheitserreger schaffen. Auch bei der Bodenbearbeitung Pflanzenverletzungen vermeiden. Beim Gießen das Benetzen der Pflanzen sowie Spritzwasser durch zu starken Wasserdruck vermeiden.
Bekämpfen: Befallene Pflanzen entfernen. Im Hobbybereich sind keine chemischen Pflanzenschutzmittel zugelassen.

Salatfäule

Allgemeines: Zarte Salatpflanzen haben leider nicht nur Schnecken wenig entgegenzusetzen, auch verschiedene pilzliche Fäulniserreger haben leichtes Spiel. Die Erreger auseinanderzuhalten ist für den Laien kaum möglich, das Ergebnis aber ohnehin immer das gleiche: Die Salatpflanzen beginnen an den Blattansätzen zu faulen und gehen kurz darauf ein. Meist treten Salatfäulen nach dem Setzen der besonders empfindlichen Jungpflanzen auf oder aber kurz vor der Erntereife, also wenn der Salat draußen schon einige Wochen den verschiedensten Erregern ausgesetzt war. Mit Salatfäule befallene Pflanzen sollten umgehend entsorgt werden.
Vorbeugen: Salat nicht zu dicht und nicht zu geschützt pflanzen, der Wind sollte durch die Reihen streichen können. Feuchtes Kleinklima vermeiden, nicht mehr gießen als unbedingt notwendig. Profis bauen Salat auf Dämmen an. Auf den Mindeichen stehen die Pflanzen luftiger. Mit Mulchfolie können Sie das Wachstum beschleunigen und durch die kürzere Standzeit das Infektionsrisiko senken.
Bekämpfen: befallene Pflanzen entfernen. Im Hobbybereich sind keine chemischen Pflanzenschutzmittel zugelassen.

Bohnenrost

Allgemeines: Weiße, später braune Pünktchen auf den Blattoberseiten und braune Sporenlager auf den Unterseiten sind Symptome des Bohnenrosts *(Uromyces appendiculatus)*. Befallene Pflanzen sind geschwächt, wachsen und fruchten aber weiter. Bohnen ohne sichtbare Symptome können verzehrt werden.
Vorbeugen: Bei den Stangenbohnen haben sich die Sorten 'Marga' und 'Tamara' als sehr widerstandsfähig erwiesen, Buschbohnen sind generell weniger anfällig. Die attraktive Feuer-

Faulende Salatköpfe sind nicht zu retten und sollten schnellstmöglich entfernt werden.

bohne *(Phaseolus coccineus)* ist sogar resistent. Weite Fruchtfolgen einhalten. Nicht zu dicht pflanzen, damit Feuchtigkeit rasch abtrocknet. Immer direkt an den Pflanzenfuß gießen, nie die Blätter überbrausen.
Bekämpfen: Im Hobbybereich sind keine chemischen Pflanzenschutzmittel zugelassen. Befallene Blätter entsorgen – am besten im Hausmüll und nicht auf dem Kompost, Rankstützen mit 70-prozentigem Alkohol desinfizieren. Nach einem Befall den Standort wechseln, damit sich der Erreger nicht vermehrt.

Spargelrost

Allgemeines: Spargelrost *(Puccinia asparagi)* verrät sich im Frühjahr durch helle orangefarbene Flecken an den unteren Trieben, die später in braunschwarze punkt- bis strichförmige Sporenlager übergehen. Obwohl die Sporen zum Auskeimen auf Feuchtigkeit angewiesen sind, tritt dieser Pilz vorwiegend in warmen und trockenen Jahren auf.
Vorbeugen: Robuste Sorten wie 'Cumulus' wählen. Nicht zu dicht, dafür aber in windoffenen Lagen pflanzen, damit Feuchtigkeit rasch abtrocknet. Immer direkt an den Pflanzenfuß gießen, nie die ganze Pflanze mitsamt Blättern und Trieben überbrausen.
Bekämpfen: Bei den zugelassenen Pflanzenschutzmitteln ist aus Umweltsicht leider kein »kleineres Übel« vorhanden. Befallene Pflanzen entsorgen und durch widerstandsfähige Sorten ersetzen.

Rost an Lauchgewächsen

Allgemeines: Orangefarbene Sporenlager und Längsrisse in den Blättern sind Anzeichen eines Befalls mit Porreerost *(Puccinia porri)* beziehungsweise Schnittlauchrost *(Puccinia mixta)*. Mitunter werden auch Zwiebeln befallen.
Vorbeugen: Zwischen der Winterlauchernte und der Frühjahrspflanzung eine mehrwöchige Pause einlegen. Bestände vor allem im August und September regelmäßig auf Rostbefall kontrollieren.
Bekämpfen: Befallenen Schnittlauch bodennah abschneiden. Befallene Porreepflanzen sofort entfernen, um den restlichen Bestand zu retten. Auch bei dieser Rostart kann aus Umweltsicht kein zugelassenes Pflanzenschutzmitteln empfohlen werden.

Pfefferminzrost

Allgemeines: Der Pilz *Puccinia menthae* verursacht auf den Minzblättern gelbe Flecken und reduziert drastisch den Gehalt an ätherischen Ölen – die Minze schmeckt fad. Auch Majoran und Oregano können befallen werden.
Vorbeugen: Resistente Sorten wie 'Multimentha' pflanzen. Nicht zu dicht pflanzen, damit Feuchtigkeit rasch abtrocknet. Ohne Brauseaufsatz direkt an den Pflanzenfuß gießen.
Bekämpfen: Befallene Pflanzen radikal zurückschneiden. Aus Umweltsicht sollte auf Fungizide verzichtet werden, denn es gibt unter den zugelassenen Produkten kein »kleineres Übel«.

Kohlhernie

Allgemeines: Welkende oder abgestorbene Kohlpflanzen können auf den Einzeller *Plasmodiophora brassicae* zurückgehen. Gewissheit bringen stark verdickte Wurzeln, die eine Wasser- und Nährstoffaufnahme nahezu unmöglich machen. Kohlhernie betrifft grundsätzlich alle Kreuzblütler, allen voran Blumenkohl, Brokkoli, Rosenkohl, Chinakohl und Kohlrabi. Der Erreger

befällt auch Erdbeeren, Mohn und Rotklee, jedoch ohne die Pflanzen zu beeinträchtigen.
Vorbeugen: Resistente Sorten und weite Fruchtfolgen sind das Allerwichtigste – das Bakterium kann mehr als zehn Jahre in der Erde überdauern, eine Ausbreitung muss frühzeitig verhindert werden. Resistent sind unter anderem: Blumenkohl 'Clapton'. Rosenkohl 'Crispus', 'Cronus'. Chinakohl 'Autumn Fun', 'Bilko', 'Enduro', 'Kilakin', 'Parkin'. Rotkohl 'Lodero'. Weißkohl 'Kilakin', 'Kilaton', 'Tekila'. Herbstrübe 'Agressa'. Rauke, Grünkohl und Kresse werden ebenfalls kaum befallen. Vorgezogene und früh im Jahr ausgepflanzte Jungpflanzen sind weniger betroffen – der nicht verseuchte Erdballen wirkt wie eine Schutzschicht und bei niedrigen Temperaturen ist das Bakterium weniger aktiv. Gegen Staunässe Sand einarbeiten. Bei einem Boden-pH-Wert von über 7,2 kann sich das Bakterium nicht ansiedeln, Kalken nach einer Bodenuntersuchung kann daher hilfreich sein – auch um gesunde Pflanzen im Umfeld zu schützen.
Bekämpfen: im Hobbybereich sind keine chemischen Pflanzenschutzmittel zugelassen. Befallene Pflanzen entfernen und über den Hausmüll entsorgen. Hat sich der Erreger bereits im Beet breitgemacht, können Sie die Erde austauschen oder Kohlgewächse statt im Beet in Pflanzgefäßen anbauen – was durchaus attraktiv aussehen kann, wie grüner und violetter Blumenkohl oder der Palmkohl *(Brassica oleracea)* 'Nero di Toscana' beweisen.

Tabakmosaikvirus

Allgemeines: Tabakmosaikviren verursachen ein charakteristisches mosaikartiges Muster auf den Blättern von Tomaten, Gurken, Zucchini und Paprika. Auch ein stark gebremstes Wachstum und deutlich verkleinerte und zusammengerollte Blätter (die sogenannte Farn- oder Fadenblättrigkeit) gehören zu den Symptomen. Paprikablätter weisen oft verdickte Adern auf und verbräunen am Stiel, die Früchte zeigen mitunter eingesunkene braune Flecken.
Vorbeugen: Resistente Sorten wählen, bei Gurken zum Beispiel 'Adrian', 'Loustik', 'Printo', 'Silor', 'Picolino', 'Salamanda' 'Zircon', bei Zucchini 'Defender', 'Zelia', bei Paprika 'Aurelio', 'Narobi', 'Mavras', 'Monte', 'Pinnokio'. Auch bei Tomaten gibt es unzählige Sorten, darunter auch einige, die zugleich gegen die Kraut- und Braunfäule resistent sind.
Bekämpfen: Viruserkrankungen können im Hobbybereich nicht bekämpft werden.

Ein Fall für sich: Tomaten

Dem vielseitigen und leckeren Fruchtgemüse machen vor allem Pilzkrankheiten zu schaffen – wenn man sie lässt, denn mit diesen Vorbeugetipps sind gesunde Pflanzen fast garantiert:

- Immer eine gute Wahl: resistente Sorten. Die Auswahl ist riesig, selbst gegen die gefürchtete Kraut- und Braunfäule gibt es bereits resistente oder hoch tolerante Sorten, zum Beispiel 'Matias', 'Myrto', 'Phantasia', 'Philona', 'Philovita'.
- Insbesondere im Freiland lohnen sich veredelte Tomaten. Sie sind teurer als normale Pflanzen, dafür wächst die eigentliche Fruchtsorte auf dem Fuß einer robusten Wildart oder einer speziell gezüchteten Sorte. Die Vorteile: eine hohe Widerstandskraft gegen Krankheiten, die über die Erde übertragen werden, etwa gegen die Korkwurzelkrankheit,

Erreger der Fusarium-, Verticillium- und Sclerotiniawelke sowie Mosaikviren. Zudem sind veredelte Tomaten kältetoleranter und nehmen dank ausgeprägtem Wurzelballen mehr Wasser und Nährstoffe auf, was zu höheren Erträgen führt.

- Tomatenpflanzen sonnig und nicht zu eng pflanzen, damit Feuchtigkeit rasch abtrocknen kann. Im Gewächshaus häufig lüften.
- Pflanzen möglichst vor Regen geschützt stellen, zum Beispiel ins Gewächshaus, im Topf unter ein Vordach oder unter ein Tomatendach, das aus Holzlatten und (UV-durchlässiger) Folie schnell selbst gebaut ist. Damit es gut durchlüftet ist und sich kein Schwitzwasser sammelt, ist eine Seitenwand aus Folie höchstens auf der Wetterseite sinnvoll (also an der Seite, aus der in der Regel der Wind weht und möglicherweise Regen hineindrücken kann).

Ein einfaches Dach aus Folie, das die Tomaten vor Regen schützt, ist eine wirksame Vorbeugung.

- Tomatenhauben aus Kunststoff vermeiden, sie begünstigen einen Pilzbefall durch die Schwitzwasserbildung sogar noch!
- Mit niedrigem Wasserdruck direkt den Pflanzenfuß gießen, die Blätter nicht benetzen.
- Zusammen mit der Jungpflanze einen Blumentopf in die Erde setzen. Dieser Trichter hilft, Spritzwasser zu vermeiden.
- Die untersten Tomatenblätter entfernen, solange die Pflanzen noch relativ jung sind und die Wunden entsprechend klein bleiben. Auch dies senkt die Infektionsgefahr und verbessert die Belüftung.
- Frühzeitig ausgeizen, um unnötig große Wunden zu vermeiden.
- Werkzeuge, Tomatenstäbe und andere Gegenstände nach Kontakt mit kranken Pflanzen mit 70-prozentigem Alkohol desinfizieren.
- Kranke Pflanzen entsorgen, bei Topfkultur auch die Erde. Gefäße desinfizieren.
- Bedarfsgerecht düngen.
- Tomaten von befallenen Pflanzen können Sie bedenkenlos verzehren, solange nicht sichtbare Schadstellen den Genuss trüben.

Kraut- und Braunfäule

Allgemeines: *Phytophthora infestans* ist mit Abstand der wichtigste Schadpilz in Tomaten- und Kartoffelkulturen. Insbesondere bei Freilandtomaten zeigen sich in niederschlagsreichen Sommern rasch die ersten Anzeichen der Kraut- und Braunfäule: Graugrüne bis braune Flecken, scharf umrissene dunkelbraune Flecken auf den Stängeln und /oder graugrüne bis glasigbraune harte Stellen auf den Früchten. Bei schwachem Befall sterben einzelne Blätter

ab, bei dauerhaft feuchtem Klima kann der Pilz innerhalb weniger Tage ganze Tomaten- und Kartoffelbestände dahinraffen. Bei Kartoffeln fällt die Kraut- und Knollenfäule durch braungraue Blattflecken und blattunterseits hellgrauen Pilzrasen auf; an den Triebspitzen und in den Blattachseln zeigen sich schwarze Flecken. Die Knollen abgestorbener Pflanzen können komplett unversehrt oder ebenfalls befallen sein – äußerlich erkennbar an braunen bis grauen, häufig etwas eingesunkenen Flecken, innen an braunen Verfärbungen, die den Verzehr jedoch nicht beeinträchtigen. Lediglich die Lagerfähigkeit ist deutlich geringer. Befallene Knollen nicht als Saatkartoffeln verwenden.
Vorbeugen: Tomaten: siehe Tipps ab S. 131. Bei Kartoffeln sollten Sie zur besseren Belüftung der Bestände einen windoffenen Standort wählen und die Reihen in der Hauptwindrichtung anlegen. Halten Sie beim Legen der Knollen einen Mindestabstand von 40 cm zwischen den Knollen und 70 cm zwischen den Reihen ein. Je weiter die Knollen entwickelt sind, wenn im Juni die *Phytophthora*-Hauptsaison beginnt, desto geringer das Risiko für Knollenschäden. Zu bevorzugen sind daher frühe Sorten und/oder keimen Sie die Knollen ab Ende Februar vor: Kartoffeln in eine mit feuchtem Sand gefüllte Schale legen – mit der Seite nach oben, die am meisten Augen aufweist. 3–4 Tage warm und hell stellen, dann 3–4 Wochen hell, aber ohne pralle Sonne bei 10–15 °C. Nach dem Legen ins Freiland die Pflanzen wiederholt anhäufeln. Der Erreger braucht länger, um die Knollen des »verseuchten« Krauts zu erreichen.
Bekämpfen: Dank der wirksamen Möglichkeiten zur Vorbeugung nicht notwendig. Es sind zwar kupferhaltige Mittel zugelassen, die auch im ökologischen Landbau Anwendung finden. Selbst dort sind sie jedoch umstritten und werden vermieden, da sich Kupfer im Boden anreichert und zahlreiche Bodenorganismen wie Regenwürmer schädigen kann. Im Hobbygarten sollte auf eine chemische Bekämpfung daher verzichtet werden.

Die Kraut- und Braunfäule macht Tomaten ungenießbar und kann ganze Bestände dahinraffen.

Frucht- und Stängelfäule

Allgemeines: Der Pilz *Didymella lycopersici* tritt vorwiegend im Gewächshaus auf. Er verursacht an den Trieben knapp oberhalb der Erdoberfläche dunkel verfärbte eingesunkene Stellen, später auch Welkeerscheinungen. Von befallenen Pflanzen kein Saatgut gewinnen.
Vorbeugen: siehe Tipps ab S. 131.
Bekämpfen: Im Hobbybereich sind keine chemischen Pflanzenschutzmittel zugelassen.

Samtfleckenkrankheit

Allgemeines: Der Pilz *Cladosporium fulvum* verursacht auf den Blattoberseiten gelbliche Flecken ohne scharfen Rand, die Blattunterseiten sind mit einem samtartigen Pilzrasen überzogen. Typische Gewächshauskrankheit.
Vorbeugen: siehe Tipps ab S. 131.
Bekämpfen: Dank der wirksamen Möglichkeiten zur Vorbeugung nicht notwendig. Von den zugelassenen Pflanzenschutzmitteln kann aus Umweltsicht keines empfohlen werden, zudem dürfen gespritzte Früchte erst nach Ablauf einer wirkstoffabhängigen Wartezeit geerntet werden.
Wichtig: Von befallenen Pflanzen kein Saatgut gewinnen, da der Erreger darauf überlebt.

Dürrfleckenkrankheit

Allgemeines: Auch *Alternaria solani* ist ein Gewächshauspilz. Auf den unteren Blättern beginnend zeigen sich braune, eintrocknende Flecken, die im Muster an eine leicht verzerrte Schallplatte erinnern. Stark befallene Blätter sterben ab, Früchte faulen mitunter am Stielansatz beginnend.
Vorbeugen: siehe Tipps ab S. 131. Pflanzenstärkungsmittel mit Lebermoosextrakt spritzen.
Bekämpfen: Im Hobbybereich sind keine chemischen Pflanzenschutzmittel zugelassen.

Viele Sorten sind gegen die Samtfleckenkrankheit resistent und machen die Bekämpfung überflüssig.

Korkwurzelkrankheit

Allgemeines: Findet sich keine andere Ursache für welkende Tomaten, lohnt ein Blick unter die Erde: Der Pilz *Pyrenochaeta lycopersici* überzieht die Wurzeln mit einer korkartigen Schicht und verhindert so die Wasseraufnahme.
Vorbeugen: siehe Allgemeine Tipps.
Bekämpfen: Im Hobbybereich sind keine chemischen Pflanzenschutzmittel zugelassen.

Welkekrankheiten

Allgemeines: Welken Pflanzenteile oder ganze Pflanzen innerhalb kurzer Zeit oder gehen ein, sind meist pilzliche oder bakterielle Erreger von Welkekrankheiten im Spiel, etwa *Fusarium, Sclerotinia, Verticillium, Rhizoctonia* oder *Clavibacter michiganensis*. Sie produzieren für die Pflanzen giftige Stoffe und verstopfen die Leitungsbahnen mit Pilzgeflecht oder Bakterienschleim.
Vorbeugen: siehe Tipps ab S. 131.
Bekämpfen: Im Hobbybereich sind keine chemischen Pflanzenschutzmittel zugelassen.

Trauermücken

Allgemeines: Die schwarzen 1–5 mm großen Trauermücken *(Sciaridae)* werden nur zum Problem, wenn sie in großer Zahl auftreten. In ihrer Not fressen die in der Erde lebenden Larven

dann nämlich an den Pflanzenwurzeln, während sie sonst verrottendes Material bevorzugen. Im Freiland selten problematisch, häufiger an Zimmerpflanzen und im Gewächshaus bei dauerfeuchter Erde.
Vorbeugen: Die Erde vor dem erneuten Gießen zumindest oberflächlich abtrocknen lassen. Da Keimlinge nicht austrocknen dürfen: Aussaatgefäße mit einer Folie oder einer Kunststoffhaube vor der Zuwanderung schützen.
Bekämpfen: Die erwachsenen Tiere lassen sich mit Gelbtafeln abfangen. Gegen die Larven parasitäre Nematoden der Art *Steinernema feltiae* einsetzen.

Abiotische Schadsymptome

Welkeerscheinungen, Blattschäden, abgestorbene Triebspitzen oder abgeworfene Blüten oder Früchte können neben Schädlingen und Krankheitserregern auch völlig andere Ursachen haben: Kälteeinwirkung, zu starke Sonneneinstrahlung, Hagelschlag, unter dem Fruchtertrag abgeknickte Triebe, bei Pflegearbeiten versehentlich verursachte Verletzungen, Nährstoffmangel, Überdüngung – und verformte Wurzelgemüse sind vielleicht einfach um Steine herum gewachsen. Geplatzte Früchte sind häufig die Folge einer unregelmäßigen Wasserversorgung, etwa bei Möhren, Kohlrabis und Tomaten. Von oben nach unten eingerollte Tomatenblätter sind meist ein Stresssymptom aufgrund von Trockenheit oder Überdüngung. Für die sogenannten Grün- oder Gelbkragen an Tomatenfrüchten kann zu starke Sonneneinstrahlung beziehungsweise große Hitze die Ursache sein. Bei Gewächshaustomaten schaffen eine Schattierung und häufiges Lüften Abhilfe. Die ringförmigen grünen oder gelben

Keine Krankheit: Die Blütenendfäule beginnt an der Blütenansatzstelle und geht auf Calciummangel zurück.

Bereiche um den Stielansatz ansonsten normal reifender Früchte können jedoch auch auf eine Überdüngung oder aber auf einen Kaliummangel zurückgehen. Bei Freilandtomaten schafft eine Bodenuntersuchung Klarheit. Besser nicht einfach mit Kalium drauflos düngen, denn das kann wiederum die Kalziumaufnahme hemmen und zur Blütenendfäule (siehe S. 40) führen. Eine ungleichmäßige Wasserversorgung verstärkt diese physiologische Störung noch.
Die Symptome: Braune bis graue, wässrig wirkende Flecken am Blütenansatz (am Tomatenzipfel). Nach einiger Zeit sinken die Stellen ein und verhärten. **Tipp:** Lassen Sie sich von Pflanzenschutzprofis beraten, wenn Sie unsicher sind, was hinter bestimmten Symptomen steckt (siehe Anhang).

Schwächelndes Obst?

Bei der Vielzahl an Schaderregern, die es auf Äpfel, Kirschen und Co. abgesehen haben, muss man aufpassen, nicht völlig paranoid zu werden und hinter jedem Insekt oder verfärbten Blatt heimtückische Anschläge zu vermuten. Daher auch hier noch mal zur Erinnerung: Mit vorbeugenden Maßnahmen spart man sich viel Ärger und Grübeln darüber, was nun hinter diesem oder jenem Schadbild stecken könnte. Und: Ernteverluste sind nicht schön, aber im Zweifelsfall hat man mit einer Schale gekaufter Früchte mehr vom Sommer als angespannt mit der Spritze im Anschlag. Generell lohnt es sich insbesondere bei Obstkulturen auch für Hobbygärtner, die Warndienstmeldungen der Pflanzenschutzämter zu beachten. Meist kann man sich für diese Serviceleistung kostenlos registrieren und wird dann per E-Mail informiert, wenn bestimmte Schadfalter fliegen, und kann entsprechende Gegenmaßnahmen ergreifen.

Blüten und Früchte

Kirschfruchtfliegen

Allgemeines: Die Europäische Kirschfruchtfliege *(Rhagoletis cerasi)* und die Amerikanische Kirschfruchtfliege *(Rhagoletis cingulata)* sind etwa 4 mm groß, schwarz-gelb gefärbt und legen ihre Eier in Kirschen, deren Farbe gerade von grün zu gelb umschlägt. Reife rote Früchte werden vor allem bei starkem Auftreten befallen. Die Kirschen faulen aufgrund der im Fruchtinneren fressenden Maden und fallen zu Boden, wo sich die Maden verpuppen und überwintern.

Vorbeugen: Süßkirschen sind deutlich häufiger betroffen als Sauerkirschen. Recht gut geschützt sind frühreifende Süßkirschensorten wie 'Burlat', 'Souvenir des Charmes', 'Celeste', 'Frühe Maikirsche' oder 'Kassins Frühe Herzkirsche': Sie haben ihre Farbe schon gewechselt, wenn die ersten Fruchtfliegen schlüpfen. Darüber hinaus sind das beste Mittel Kulturschutznetze.

Bekämpfen: Im Hobbybereich sind keine chemischen Pflanzenschutzmittel zugelassen. Gelbtafeln oder Fallen, die das Prinzip der Gelbtafeln mit Lockstoffen kombinieren, geben Aufschluss darüber, ob Kirschfruchtfliegen in Ihrem Garten ein Thema sind – zur Befallsminderung tragen sie kaum bei. Das tun hingegen Hühner, die eifrig nach den im Boden eingegrabenen Puppen der Kirschfruchtfliegen picken. Grundsätzlich sollten abgefallene Kirschen regelmäßig aufgesammelt werden und keine Früchte im Baum hängen bleiben.

Kirschessigfliege

Allgemeines: 300 Eier je Weibchen und eine Entwicklungszeit von acht bis vierzehn Tagen – wer gut im Kopfrechnen ist, wird sich vermutlich nicht mehr trauen, einen Kirschbaum zu pflanzen: Die Kirschessigfliege *(Drosophila suzukii)* vermehrt sich explosionsartig. Sie ähnelt optisch der nahe verwandten Essigfliege *(Drosophila melanogaster)*, die viele Menschen aus der Küche kennen dürften. Im Gegensatz zur Essigfliege haben die Männchen der Kirschessigfliege auf ihren Flügeln einen gut sichtbaren schwarzen Punkt. Obwohl die Art erst 2011 in Deutschland entdeckt wurde, hat sie bereits

Bayern, Baden-Württemberg und Rheinland-Pfalz erobert und breitet sich weiter aus. Kirschessigfliegen sind 3 mm groß, werden von Obst, Saft und gärendem Pflanzenmaterial magisch angezogen und befallen auch andere Steinobstarten und Beerenobst inklusive Wein. Sie legen ihre Eier in heranreifende und vollreife Frücht. Die von denen der Kirschfruchtfliege kaum zu unterscheidenden Maden fressen in den Früchten. Diese werde weich, braun und faulig.

Vorbeugen: Vollsonnige, windoffene Standorte sowie regelmäßig geschnittene und dadurch gut belüftete Bäume sind für Kirschessigfliegen zumindest gleich etwas weniger interessant. Die einzige wirksame Gegenmaßnahme sind derzeit aber Kulturschutznetze. Falls Sie Früchte in mehreren Durchgängen pflücken und dazu die Netze öffnen müssen, können Kirschessigfliegen hinter die Barriere gelangen. Dann empfiehlt es sich, Fallen mit einer Mischung aus naturtrübem Apfelessig und Wasser im Verhältnis 1:1 aufzuhängen, zum Beispiel in durchsichtigen Kunststofftrinkbechern. Achtung: Nicht panisch werden, in diesen Fallen ist viel Beifang zu finden, zur Bestimmung muss man genau hinsehen. Die Fallen wöchentlich kontrollieren und (wichtig!) die Flüssigkeit komplett erneuern.

Bekämpfen: Im Hobbybereich keine chemischen Pflanzenschutzmittel zugelassen. Sie würden aufgrund der rasanten Populationsentwicklung aber ohnehin wenig bewirken und rasche Resistenzbildungen nach sich ziehen. Pflücken Sie auf jeden Fall alle reifen Früchte umgehend ab und sammeln Sie heruntergefallene Exemplare auf – auch befallene oder kranke! Letztere in einem Kunststoffbeutel einfrieren oder der Sonne aussetzen, damit die Maden getötet werden. Erst danach auf den Kompost geben.

Apfelblütenstecher

Allgemeines: *Anthonomus pomorum* ist ein 4–6 mm großer schwarzer Rüsselkäfer, der seine Eier im März in die Blütenknospen des Apfelbaums legt – meist in benachbarte Knospen, sodass einige Blütenbüschel stark betroffen sind, andere überhaupt nicht. Seine Larven tun sich am Blütenboden genüsslich, was zunächst gar nicht auffällt: Die Blütenknospen entwickeln sich weiter, blähen sich dann jedoch unnatürlich auf, werden braun und sterben ab. Nennenswerte Schäden entstehen aber nicht, mitunter erspart einem der Käfer schlicht die Fruchtausdünnung. (Überzählige Blüten oder junge Früchte zu entfernen gehört zur Regulierung des Fruchtbehangs zu den empfohlen Pflegemaßnahmen bei Obstgehölzen.)

Vorbeugen: Nützlinge anlocken.

Bekämpfen: in der Regel nicht notwendig,

Apfelblüten, die eine Blütenstecherlarve beherbergen, wachsen erst übermäßig, dann sterben sie ab.

befallene Blüten einfach entfernen. Ein starker Befall kommt nur in Waldnähe gelegentlich vor. Ab März gibt hier eine wöchentliche Klopfprobe Aufschluss über die Befallsstärke: Per Hand oder Gummihammer werden die Äste über einem hellen Tuch abgeklopft. Fallen mehr als vier Käfer je zehn geklopfte Äste auf das Tuch gefallen sind, können Pflanzenschutzmittel auf Basis von Azadirachtin angewendet werden.
Relax-Tipp: Nützlinge anlocken.
Notfallhilfe bei Panikattacken: Pflanzenschutzmittel auf Basis von Azadirachtin einsetzen.

Blütenstecher an Beerenobst

Allgemeines: *Anthonomus rubi* ist auf Erdbeeren, Himbeeren und Brombeeren spezialisiert, je nach Pflanze wird der 2–4 mm große Rüsselkäfer dann als Erdbeer-, Himbeer- oder Brombeerblütenstecher bezeichnet. Umgeknickte Knospen zeigen an, wo ein Blütenstecher Eier abgelegt hat. Die Knospen welken und fallen ab, die Larven verpuppen sich im Boden.
Vorbeugen: Nützlinge anlocken.
Bekämpfen: nicht notwendig. Abgefallene Knospen aufsammeln.

Der Himbeerkäfer kann vor allem in Waldnähe lästig werden. Netterweise verschont er Herbst-Himbeeren.

Himbeerkäfer

Allgemeines: Schon Mitte April wird offensichtlich, wo *Byturus tomentosus* am Werke ist: Der 4 mm große braune Käfer frisst an jungen Blättern, die anschließend wie geschlitzt aussehen. An Blütenknospen knabbert er ebenfalls, legt aber vor allem seine Eier hinein. Die weißen Larven (»Himbeermaden«) wachsen im Inneren der sich entwickelnden Frucht heran, von der sie sich auch ernähren: Die Beeren werden braun und hart oder deformiert. In Waldnähe tritt der Käfer am stärksten auf.
Vorbeugen: Herbst-Himbeeren wie 'Autumn Bliss' werden nicht befallen und sind auch sonst einfach zu handhaben – alle Ruten nach der Ernte 5 cm über dem Boden abschneiden.
Bekämpfen: Nur bei starkem Befall an Sommer-Himbeeren notwendig. Ab Mitte April regelmäßig am Morgen die Ruten über einem hellen Tuch abklopfen und die Käfer entsorgen, damit sie keine Eier legen können. Zusätzlich weiße Leimtafeln aufhängen.

Johannisbeergallmilbe

Allgemeines: Blähen sich die Knospen von Johannisbeeren, selten auch von Stachelbeeren im Herbst auffällig auf, wuseln im Inneren Johannisbeergallmilben *(Cecidophyopsis ribis).*
Vorbeugen: Rote und Weiße Johannisbeeren werden weniger befallen als Schwarze Johannisbeeren. Bei Schwarzen Johannisbeeren

haben sich 'Tisel', 'Ben Gairn', 'Titania' und 'Ometa' als wenig anfällig erwiesen.
Bekämpfen: Mittel auf Rapsölbasis, wesentlich einfacher, wirkungsvoller und kostenlos ist es jedoch, befallene Knospen von Hand auszubrechen oder abzuschneiden. Bei starkem Befall entfernt man den Trieb knapp überm Boden.

Birnengallmücke

Allgemeines: *Contarinia pyrivora* legt ihre Eier in die Birnenblüten, die Maden leben im Inneren der sich entwickelnden Früchte. Befallene Birnen wachsen deutlich schneller als andere, allerdings kugelförmig. Später werden sie schwarz, schrumpeln und/oder fallen ab.
Vorbeugen: Sehr frühblühende Sorten wie die 'Frühe von Trevoux' und spätblühende wie 'Alexander Lucas' werden weniger befallen, stark hingegen 'Williams Christ', 'Clairgeaus Butterbirne', 'Diels Butterbirne' und 'Pastorenbirne'.
Bekämpfen: In der Regel nicht notwendig, sondern sogar willkommen, da die Gallmücke dem Gärtner die Fruchtausdünnung abnimmt. Im Hobbybereich sind zurzeit auch keine chemischen Pflanzenschutzmittel zugelassen (Stand Frühjahr 2016). Befallene Früchte entfernen.

Apfelwickler und Pflaumenwickler

Allgemeines: Der Apfelwickler *(Cydia pomonella)* und der Pflaumenwickler *(Laspeyresia funebrana)* sind recht unscheinbare Gesellen, doch ihre Larven sind nicht ohne: Nach einer Zwischenmahlzeit an der Schale fressen sie sich in die Früchte hinein – wobei der Apfelwickler neben Äpfeln auch Birnen, Quitten, Aprikosen oder Pfirsiche befällt. Die »wurmstichigen« Früchte sind an Kotkrümeln rund um das Bohrloch gut zu erkennen und fallen frühzeitig zu Boden beziehungsweise lassen sich auffallend leicht pflücken.
Bekämpfen: Befallene Früchte umgehend pflücken oder aufsammeln. Von Ende Juni bis Ende Oktober die gen Boden wandernden Larven mit um den Stamm gelegten Wellpapperingen abfangen. Ab Ende August bis Ende Oktober mit parasitären Nematoden der Art *Steinernema feltiae* (SF-Nematoden) spritzen.
Nur zur Apfelwicklerbekämpfung: Wer auf Nummer sicher gehen will, setzt im Frühjahr nach der Nematodenbehandlung noch einmal Schlupfwespen der Art *Trichogramma cacoeciae* ein. Nach einem sehr starken Apfelwickler-Befallsjahr können Spritzungen mit Produkten auf Basis des Apfelwickler-Granulovirus sinnvoll sein. Um den Beginn des Falterflugs abzupassen, Warndienstmeldungen der Pflanzenschutzämter verfolgen, Lockstofffallen aufhängen.

Farbloses gummiartiges Sekret an Pflaumen weist ebenfalls auf einen Befall mit dem Pflaumenwickler hin.

TIPP

Gallmilben an anderen Obst- und Ziergehölzen

Gallmilben können an zahlreichen Gehölzen auffällige, oft rot gefärbte Blasen oder Gallen (bläschenartige Pusteln) verursachen. Die Tiere selbst verstecken sich blattunterseits unter einem filzartigen grauen bis bräunlichen Belag. Eine Bekämpfung ist jedoch nicht notwendig. Sollte ein ungewöhnlich starkes Auftreten zu erhöhtem Blattfall führen, können Sie die Gallmilben mit Pflanzenschutzmitteln auf Basis von Rapsöl oder Kali-Seife bekämpfen.

Sägewespen an Apfel, Birne und Pflaume

Allgemeines: die Apfel- und die Birnensägewespe *(Hoplocampa testudinea* und *brevis)* sowie die Schwarze und die Gelbe Pflaumensägewespe *(H. minuta* und *H. flava)* befallen unterschiedliche Obstarten, sind aber nahe verwandt und haben ähnliche Gewohnheiten. Allesamt bohren sie sich in die Früchte und fressen dicht unter der Schale bogenförmige Gänge ins Fruchtfleisch – ein von außen gut sichtbares Unterscheidungsmerkmal zu von Apfel- oder Pflaumenwicklern befallenen Früchten. Sind Sägewespen am Werk, fallen die betroffenen Früchte meist noch unreif ab.

Vorbeugen: Nützlinge anlocken. Die Pflaumensägewespe legt ihre Eier nur rund zwei Wochen lang zur Hauptblütezeit gegen Ende April/Anfang Mai an die Kelchblätter. Frühblühende Sorten wie 'Katinka' oder 'Tegera' und spätblühende wie 'Hanita' oder 'Jojo' entgehen ihnen.

Bekämpfen: Sägewespen treten nicht regelmäßig auf. In Jahren mit starkem Blütenansatz können sie sogar hilfreich sein, da sie die dann empfehlenswerte Fruchtausdünnung übernehmen. Lediglich die Kombination aus einem Jahr mit schlechtem Blütenansatz und einem hohen Sägewespenbefall macht eine Bekämpfung lohnenswert: Hängen Sie zur Blütezeit weiße Leimtafeln auf und entfernen Sie befallene Früchte. Im Hobbybereich keine chemischen Pflanzenschutzmittel zugelassen (Stand Frühjahr 2016).

Brombeergallmilben

Allgemeines: Wenn Brombeeren oder auch nur einzelne Stellen an den Früchten hartnäckig rot oder rotgrün bleiben oder normal ausgefärb-

Ein gut sichtbarer bogenförmiger Gang und ein Kottropfen: Ganz klar, hier wohnt eine Sägewespenlarve.

te Früchte auffällig hart und sauer sind, liegt dies in der Regel am Speichelsekret der Brombeergallmilbe *(Acalitus essigi)*. Achtung, nicht verwechseln: Brombeeren reifen bei einem Sonnenbrand nicht richtig aus, dann ist jedoch bei den Früchten nur die Sonnenseite betroffen.
Vorbeugen: Frühreifende Sorten wie die dornenlose 'Loch Tay' (Reifezeit Mitte Juli) werden kaum befallen, da die Gallmilbenhochsaison erst Ende August beginnt. Später, aber dennoch nur selten betroffen ist die ebenfalls dornenlose 'Loch Ness' (Reifezeit Mitte August). Hochanfällig ist die Sorte 'Theodor Reimers', sie wird bei wiederholt starkem Befall besser ersetzt. Brombeerruten im Winter stark zurückschneiden.
Ein heller, aber nicht vollsonniger Standort und ein gleichmäßig feuchter Boden verringern das Befallsrisiko ebenfalls.

Bekämpfen: Befallene Früchte oder Fruchtbüschel entfernen und generell keine Früchte hängen lassen. Ruten im Winter stark zurückschneiden. Darüber hinaus können Produkte auf Rapsölbasis eingesetzt werden.

Grauschimmel

Allgemeines: Der Pilz *Botrytis cinerea* tritt in feucht-warmen Sommern an vielen Kulturen auf, insbesondere an Erdbeeren, Himbeeren und Brombeeren, Rosen, Tomaten, Zucchini und Salat. Der Befall beginnt mit braunen Flecken an Knospen und unreifen Früchten sowie Fäulnis an reifen Früchten. Es folgt der charakteristische graue Schimmelrasen.
Vorbeugen: Bevorzugen Sie Sorten mit generell hoher Widerstandskraft gegen Krankheitserreger, etwa 'Fraroma', 'Honeoye' oder 'Korona'. Auch

Eine Brombeere besteht aus vielen Mini-Steinfrüchten. Brombeergallmilben zapfen oft nur einige davon an.

Robuste Erdbeersorten verhindern Grauschimmel noch zuverlässiger als eine belüftende Strohunterlage.

TIPP

Stippe: keine Krankheit

Bilden sich nach einiger Zeit im Lager immer mehr eingesunkene braune Flecken an Äpfeln, kann neben Apfelschorf auch Stippe die Ursache sein, eine physiologische Störung, die durch Kalziummangel entsteht. Stippeflecken sind hellbraun, ohne scharfe Umrisse, das Fruchtfleisch gibt auf Druck nach, ist bräunlich, mürbe und bitter oder schlicht geschmacklos. Besonders anfällig sind 'Boskop', 'Cox Orange', 'Goldparmäne', 'Gravensteiner', 'Glockenapfel', 'James Grieve', 'Jonagold'.

Vorbeugen: In Jahren mit starkem Blüten- oder Fruchtansatz einen Teil der Blüten oder Früchte ausknipsen (Ausdünnen). Ausgewogen düngen, am besten auf Grundlage einer Bodenuntersuchung (siehe S. 38), und gegebenenfalls kalken, um den Boden mit Kalzium zu versorgen. Kurzfristig können Sie die Symptome durch Spritzen mit einem Kalzium-Blattdünger beheben. 'Rubinette', 'Jonathan', 'Piros', 'Rebella', 'Florina', 'Resi', 'Retina' und 'Topaz' sind wenig anfällig.

Sorten mit hoch über die Blätter ragenden Blütenständen wie 'Elvira' oder 'Polka' werden seltener befallen. Zusätzlich lohnen sich alle Maßnahmen zur Belüftungsverbesserung: ein luftiger Standort, der Anbau auf Erddämmen, am besten in Hauptwindrichtung, großzügige Pflanzabstände. Nach der Blüte können Sie Stroh unter die Fruchtstände legen, damit die Beeren schneller abtrocknen und weniger Spritzwasser entsteht. Mulchfolie darf ganzjährig im Bestand bleiben. Auch Pflanzen in Ampeln oder Balkonkästen sind meist besser belüftet und entsprechend weniger anfällig.

Bekämpfen: Aus Umweltsicht befindet sich unter den zugelassenen Produkten leider kein »kleines Übel«. Befallene Pflanzenteile abschneiden. Da Erdbeeren ohnehin alle zwei Jahre durch neue Pflanzen ersetzt werden sollten, lohnt sich dann der Austausch gegen robustere Sorten. Dabei auch die empfohlene Anbaupause von vier Jahren einhalten, um durch Bodenmüdigkeit verursachten Ernteausfällen vorzubeugen.

Lederbeerenfäule

Allgemeines: Erdbeeren mit lederartiger Oberfläche, bitterem Geschmack und gummiartiger Konsistenz lassen auf den Pilz *Phytophthora cactorum* schließen. Er dringt durch Wunden in die Pflanzenwurzeln ein, woraufhin diese allmählich faulen und absterben; Blätter welken und sterben ebenfalls ab.

Vorbeugen: widerstandsfähige Sorten (siehe Grauschimmel, S. 141) pflanzen. Schwere Böden mit Sand und Kompost verbessern und/oder die Erdbeeren auf Erddämmen anbauen.

Bekämpfen: Es sind keine aus Umweltsicht empfehlenswerten Produkte zugelassen. Kranke Pflanzen entfernen.

Narren- oder Taschenkrankheit

Allgemeines: Der Pilz *Taphrina pruni* befällt vorwiegend Pflaumen und verursacht hakenartig verkrümmte Früchte, die mit etwas Fantasie an eine Narrenkappe oder eine Handtasche

erinnern. Die Früchte bleiben steinlos und reifen nicht aus, sondern werden bald von einem samtigen grau-braunen Pilzrasen überzogen und trocknen noch am Baum hängend ein.
Vorbeugen: Leider gibt es noch keine resistenten Sorten, zumindest kann man aber auf hoch anfällige Sorten wie 'Auerbacher', 'Frühzwetsche', 'Hauszwetsche' und 'Ortenauer Zwetsche' sowie 'President' verzichten. Auf optimale Standortbedingungen und sorgfältige Hygiene achten.
Bekämpfen: im Hobbybereich keine chemischen Pflanzenschutzmittel zugelassen (Stand Frühjahr 2016). Befallene Früchte und Fruchtmumien umgehend und vollständig entfernen.

Apfelschorf

Allgemeines: Äpfel mit rauer, rissiger Schale und braunen Flecken leiden meist unter dem Pilz *Venturia inaequalis*. Erste Symptome sind Blätter im »Tarn-Look« mit vielen dunkelgrünen bis braunen Flecken. Auf spät befallenen Früchten sind oft nur schwarze Pünktchen zu erkennen; wurden sie kurz vor der Pflückreife befallen, tritt der Pilz teils erst Wochen später als sogenannter Lagerschorf in Erscheinung – in Form dunkler eingesunkener Flecken.
Vorbeugen: Pflanzen Sie robuste Sorten wie 'Retina', 'Reglindis', 'Rebella', 'Rubinola', 'Florina', Oldenburg' und 'Topaz' und sorgen Sie durch regelmäßigen Schnitt für eine gute Baumdurchlüftung.
Bekämpfen: Im Hobbygarten selten notwendig, zumal befallene Äpfel bedenkenlos verzehrt werden können; lediglich ihre Lagerfähigkeit ist eingeschränkt. Eindämmen können Sie den Pilz, indem Sie den Baum regelmäßig schneiden und kranke Blätter sowie herbstliches Falllaub konsequent entfernen.

Je nach Befallsstärke fällt Apfelschorf kaum oder deutlich auf. Die Früchte bleiben in jedem Fall essbar.

Blätter betroffen

Kleiner und Großer Frostspanner

Allgemeines: Blätter, Triebspitzen, Blüten, Früchte: Die Larven des Kleinen Frostspanners *(Operophthera brumata)* fressen, was ihnen gerade in die Quere kommt. Der Schadfalter tritt oft mehrere Jahre lang kaum in Erscheinung, um sich dann explosionsartig zu vermehren. Nach einigen Jahren mit teils massiven Schäden bis hin zum Kahlfraß haben die Nützlinge die optisch unauffälligen Schmetterlinge und ihren Nachwuchs wieder im Griff und Gärtner können aufatmen. Die grasgrünen Raupen sind um die 2,5 cm lang und bewegen sich katzbuckelartig vorwärts. Der Große Frostspanner *(Erannis defoliaria)* fällt meist weniger negativ auf, seine Raupen sind tendenziell rotbraun gefärbt, aber optisch sehr variabel. Mithilfe eines Gespinstfadens seilen sich die Spannerraupen ab Juni Richtung Boden ab, wo sie sich verpuppen, um ab Oktober als fertige Falter aus ihren Kokons zu schlüpfen – oft nach den ersten Nachtfrösten, daher der Name Frostspanner.

Vorbeugen: den Garten nützlingsfreundlich gestalten.

Bekämpfen: Während die Frostspannermännchen fliegen können, müssen die geschlüpften Weibchen die Baumkrone zu Fuß erreichen. Dumm gelaufen, denn clevere Gärtner legen Ende September Leimringe um den Baumstamm und etwaige Stützpfähle. Ab Mitte März ist die Fangsaison vorbei und die Ringe werden entfernt. In extremen Frostspannerjahren können Sie zusätzlich mit Pflanzenschutzmitteln auf Basis von *Bacillus thuringiensis* spritzen.

Schlangenminiermotten

Allgemeines: Die Larven der Schlangen- oder Obstbaumminiermotte *(Lyonitia clerkella)* verraten sich durch auffällige Schlangenlinien auf den Blättern von Apfel-, Birnen-, Kirsch- und Pflaumenbäumen und anderer Laubgehölze.

Vorbeugen: Garten nützlingsfreundlich gestalteten. Doldenblütlern wie Fenchel *(Foeniculum)* oder Sterndolde *(Astrantia)* ziehen Schlupfwespen an, die zu den Hauptgegenspielern zählen.

Bekämpfung: nicht notwendig. Wen befallene Blätter stören, der zupft sie ab. Im Hobbybereich sind keine chemischen Pflanzenschutzmittel zugelassen (Stand Frühjahr 2016).

Johannisbeerglasflügler

Allgemeines: Der Johannisbeerglasflügler *(Synanthedon tipuliformis)* legt seine Eier ab Juni in Rindenverletzungen wie Risse oder Schnittstellen, wobei er Schwarze Johannisbeeren bevorzugt. Anhaftende Kotkrümel verraten bei genauem Hinsehen, wo sich die geschlüpften Larven in die Triebe hineingebohrt haben, eine Schnittprobe offenbart zudem schwarz verfärbtes Mark. Befallene Triebe welken, sterben aber spätestens im folgenden Frühjahr ab.

Vorbeugen: Rote und Weiße Johannisbeeren sowie Stachelbeeren sind seltener betroffen.

Bekämpfen: Schnittmaßnahmen sind wirkungsvoller als chemische Pflanzenschutzmittel: Schwarze Johannisbeeren ab Juni regelmäßig kontrollieren und befallene Triebe komplett direkt über dem Boden entfernen – keine Kompromisse, da jede Schnittstelle eine potenzielle Falterkinderstube ist.

Stachelbeerblattwespen

Allgemeines: Anfang Mai sind es nur einzelne Löcher, doch im Nu sind die ersten Blätter bis auf die Stiele verputzt, manchmal werden auch Früchte nicht verschmäht: Die Larven der Gelben (*Nematus ribesii*, grün mit schwarzen Tupfen) und der Kleinen Stachelbeerblattwespe (*Pristiphora pallipes*, dunkler Rückenstreifen) machen durch ihren Appetit auf Stachelbeeren sowie Rote und Weiße Johannisbeeren von sich reden.

Vorbeugen: Schwarze Johannisbeeren werden kaum befallen.

Bekämpfen: Ab April die Blattunterseiten kontrollieren, dazu auch die Triebe auseinanderbiegen und im Strauchinneren nachsehen. Blätter abzupfen, falls sich an den Blattrippen wie Perlen aufgereihte weiße Eier finden. Larven absammeln oder mit einem scharfen Wasserstrahl abspritzen, stark befallene Triebe abschneiden. Im Hobbybereich sind keine chemischen Pflanzenschutzmittel zugelassen.

Schrotschusskrankheit

Allgemeines: Vom Pilz *Wilsonomyces carpophilus* befallene Blätter sehen aus wie von Schrotkugeln durchlöchert. Betroffen sind vor allem Süß- und Sauerkirschen, aber auch andere Steinobstarten, Zierkirschen und Kirschlorbeer. Zunächst erscheinen zwischen dem Blattaustrieb bis etwa Juli leuchtend rote Blattflecken, die eintrocknen und aus dem Blatt herausfallen. Bei starkem Befall werden die Blätter im Ganzen gelb und fallen ab. Auf Früchten und Trieben zeigen sich schwarze, eingesunkene Flecken. Später verkrüppeln die Früchte und vertrocknen oder sie platzen auf und faulen, schließlich fallen sie ebenfalls zu Boden. An den Trieben, die bei starkem Befall absterben können, ist oft ein durchsichtiges bis bernsteinfarbenes Sekret von gummiartiger Konsistenz zu sehen. Nennenswerte Ertragseinbußen sind in der Regel nur in kühlen, niederschlagsreichen Jahren zu erwarten. Ab Juli sind die Gehölze meist so gut entwickelt, dass keine Neuinfektionen mehr stattfinden.

Vorbeugen: auf optimale Standortbedingungen und sorgfältige Hygiene achten. Wählen Sie Sorten, die neben den artabhängig wichtigsten Krankheiten auch gegen die Schrotschusskrankheit widerstandsfähig sind, bei Pflaumen etwa 'Hanita' und 'Katinka' (sehr widerstandsfähig gegen Scharka), bei Pfirsichen 'Roter Ellerstädter' und 'Revita' (wenig empfindlich gegenüber der Kräuselkrankheit). Bei Kirschen ist eine hohe Widerstandsfähigkeit gegen *Monilia* das Wichtigste.

Bekämpfen: Im Hobbybereich sind keine chemischen Pflanzenschutzmittel zugelassen (Stand Frühjahr 2016). Insbesondere die unteren Triebe ab dem Blattaustrieb regelmäßig kontrollieren. Befallene Blätter abzupfen, Falllaub und abgefallene Früchte entfernen. Erkrankte Triebe bis ins gesunde Holz zurückschneiden.

Scharka-Virus

Allgemeines: Betroffen sind vor allem Pflaumen, mitunter aber auch Aprikosen, Pfirsiche, und Nektarinen. An Blättern deuten unregelmäßige helle Stellen, die »im Idealfall« deutlich zu erkennende Ringe bilden, auf einen Befall hin. Früchte sind verformt oder weisen pockenartig eingesunkene Stellen auf (weshalb man auch vom Pflaumenpockenvirus spricht) und fallen oft vorzeitig ab. Aufgeschnittene Pflaumen zeigen rötlich verfärbtes Fruchtfleisch, das gummiartig zäh ist und kaum Aroma besitzt. Aprikosen, Pfirsiche und Nektarinen werden durch Scharka-Befall trocken und mehlig.

Ringförmige Flecken verraten das Scharka-Virus. Die einzige sichere Gegenmaßnahme sind resistente Sorten.

Vorbeugen: Meiden Sie hoch anfällige Sorte wie die 'Hauszwetsche', wählen Sie stattdessen resistente Sorten wie die Pflaumen 'Jojo' und 'Jofela', die Aprikosen 'Goldrich', 'Harlayne', 'Orangered' und 'Kuresia' sowie die 'Mirabelle von Nancy'. Als sehr widerstandsfähig gelten auch die Pflaumen 'Hanita', 'Haroma', 'Haganta', 'Katinka', 'Presenta' und 'Toptaste' sowie die Aprikosen 'Mino', 'Hilde' und 'Klarina'. Außerdem auf optimale Standortbedingungen und sorgfältige Hygiene achten.
Bekämpfen: Viruserkrankungen können nicht direkt bekämpft werden. Da Scharka eine meldepflichtige Krankheit ist, müssen Sie sich im Verdachtsfall an den in Ihrem Bundesland zuständigen Pflanzenschutzdienst (siehe Anhang) wenden. Bestätigt sich der Verdacht und liegt der Garten in einem Obstanbaugebiet, muss der Baum samt Wurzeln gerodet werden.

Pfirsichkräuselkrankheit

Allgemeines: Der Pilz *Taphrina deformans* infiziert die Blattknospen von Pfirsichen und Nektarinen, sobald es wärmer als 10 °C und ausreichend feucht ist. Der Infektionshöhepunkt liegt zum Zeitpunkt des Knospenschwellens, also kurz bevor sich die Blattknospen öffnen. Bei einem Befall kräuseln sich die Blätter meist schon kurz nach dem Austrieb und werfen Blasen, dann vertrocknen sie und fallen ab. Ein kleiner Trost: Im Juni folgt ein zweiter Austrieb und da bei mehr als 16 °C keine Infektion mehr erfolgt, bleiben die neuen Blätter meist auch gesund. Es kommt allerdings zu Ertragseinbußen und die geschwächten Gehölze setzen weniger Knospen für das kommende Jahr an, bei wiederholtem Befall sterben sie ab.
Vorbeugen: Pflanzen Sie widerstandsfähige Pfirsichsorten wie 'Amsden', 'Benedicte',

Blasige, deformierte Blätter und rote Verfärbungen sind charakteristisch für die Pfirsichkräuselkrankheit.

'Fidelia', 'Früher Alexander', 'Manon', 'Rekord von Alfter', 'Revita', 'Roter Ellerstädter' und 'Roter Weinbergpfirsich'. Rot- und weißfleischige Sorten werden generell seltener befallen als gelbfleischige. Optimale Standortbedingungen und generelle, einem Pilzbefall vorbeugende Hygienemaßnahmen, sind besonders wichtig. Bäumchen, die im Kübel wachsen, einfach unter ein Vordach stellen, bis die Temperaturen über 16 °C steigen.

Bekämpfen: Befallene Blätter und Triebspitzen sofort entfernen. Die zugelassenen chemischen Pflanzenschutzmittel sind aus Umweltsicht nicht empfehlenswert. Zudem wirken sie lediglich vorbeugend und nur, wenn exakt zum Knospenschwellen gespritzt wird. Temperaturschwankungen erschweren die Behandlung, denn bei Temperaturen unter 10 °C stockt die Knospenentwicklung, dadurch muss unter Umständen mehrmals gespritzt werden.

Sprühfleckenkrankheit

Allgemeines: Der Verursacher der Sprühfleckenkrankheit, der Pilz *Blumeriella jaapii,* befällt vor allem Süß- und Sauerkirschen, prinzipiell aber auch anderes Steinobst. Symptome: burgunderrote Pünktchen, die teils zu größeren Flecken zusammenfließen, aber im Gegensatz zur Schrotschusskrankheit nicht eintrocknen. Erkrankte Blätter werden gelb und fallen ab, was bei starkem Befall zu Wachstumsstockungen, geringerem Fruchtansatz oder vorzeitigem Fruchtfall, einer höheren Frostanfälligkeit und weniger Blütenknospen für das Folgejahr führen kann.

Vorbeugen: Auf optimale Standortbedingungen und sorgfältige Hygiene achten. Bei Sauerkirschen sind 'Karneol' und 'Morina' weitgehend resistent gegen die Sprühfleckenkrankheit und, noch wichtiger, gegen *Monilia.*

Bekämpfen: Im Hobbybereich sind keine chemischen Pflanzenschutzmittel zugelassen (Stand Frühjahr 2016). Befallene Blätter abzupfen, Falllaub und abgefallene Früchte entfernen.

Weiß- und Rotfleckenkrankheit an Erdbeeren

Allgemeines: Pilze stehen einfach auf Erdbeeren: Auch die Weiß- und Rotfleckenkrankheit geht auf zwei pilzliche Erreger zurück. *Mycosphaerella fragariae* und *Diplocarpon earliana* verursachen auf den Blättern kleine leuchtend rote Flecken, die im Krankheitsverlauf größer werden. Bei der Weißfleckenkrankheit färbt sich die Mitte der Blattflecken zunächst braugraun, später weiß. Beide Pilze schwächen die Pflanzen und können bei starkem Befall Blätter absterben lassen, geringere Erträge sind aber die Ausnahme.

Vorbeugen: siehe Grauschimmel, S. 141.

Bekämpfen: Es sind keine aus Umweltsicht empfehlenswerten Produkte zugelassen. Befallene Blätter entfernen und das verbliebene Laub nach der Ernte bis auf einige junge Blätter in der Pflanzenmitte komplett zurückschneiden. Alternativ beziehungsweise bei starkem Befall erkrankte Pflanzen entfernen.

Birnengitterrost / Wacholderrost

Allgemeines: *Gymnosporangium sabinae* verursacht eine der auffälligsten und am schwersten zu bekämpfenden Pilzkrankheiten im Haus- und Kleingarten. Zunächst überwintert der Pilz auf bestimmten Wacholderarten, vor allem auf Chinesischem Wacholder *(Juniperus chinensis),* dem Sadebaum *(J. sabinae)* und dem Virgini-

Birnengitterrost ist durch die ab Mai auftretenden orangefarbenen Blattflecken leicht zu erkennen.

Der Erreger des Birnengitterrosts überwintert auf Wacholder. Bei Nässe quellen die Sporenlager auf.

schen Wacholder *(J. virginiana)*. Wacholder ist der sogenannte Hauptwirt des Erregers. Im Frühjahr wechselt der Rostpilz mit den durch den Wind verwehten Sporen auf den Nebenwirt, den Birnbaum. Als »Wacholderrost« ist der Pilz bei feuchter Frühlingswitterung gut zu erkennen, denn dann quellen die braunen bis orangefarbenen Sporenlager zu auffälligen gelartigen Quaddeln auf. An Birnbäumen erscheinen ab Mai die charakteristischen orangefarbenen Blattflecken, ab Juli werden auf den Unterseiten gitterförmige, warzenartige Sporenlager sichtbar. Ein schwacher Befall wird gut verkraftet und mindert den Ertrag nur in geringem Umfang. Bei hohem Infektionsdruck reagiert der Baum auf den vorzeitigen Blattfall, indem er massiv Früchte abstößt, und nach mehreren starken Befallsjahren in Folge kann er absterben.

Vorbeugen: Beste Maßnahme: Hoch anfällige Birnensorten wie 'Alexander Lucas', 'Cascade', 'Conference', 'Verdi' und 'Williams Christ' durch widerstandsfähigere Sorten ersetzen, etwa durch 'Bunte Juli', 'Clapps Liebling', 'Concorde', 'Condo' und 'Trevoux'. 'Harrow Sweet' und 'Harrow Delight' erfreuen zusätzlich mit einer Feuerbrandresistenz. Optimale Standortbedingungen und regelmäßiger Schnitt senken das Risiko für alle Pilzinfektionen.

Davon abgesehen sinkt das Infektionsrisiko erheblich, wenn im Umfeld von mindestens 500 Metern keine Wacholder wachsen oder nur Sorten, die nicht befallen werden. Geeignete Wacholdersorten sind beispielsweise die Kriech-Wacholder *(J. horizontalis)* 'Bar Harbour', 'Blue Rag' und 'Wilton Carpet' und die Gewöhnlichen Wacholder *(J. communis)* 'Hornibrook' und 'Repanda'. Selbst bei den hoch anfälligen Arten gibt es mit 'Pfitzeriana Glauca' und 'Hetzii' *(J. chinensis)* sowie mit 'Glauca' *(J. virginiana)* robuste Alternativen.

Der Johannisbeersäulenrost tritt vor allem an Schwarzen Johannisbeeren und Stachelbeeren auf.

Bekämpfen: befallenes Laub und herbstliches Falllaub konsequent entfernen. Leider gibt es unter den zugelassenen Pflanzenschutzmitteln aus Umweltsicht kein »kleineres Übel«. Eine chemische Bekämpfung schafft aber ohnehin nur kurzfristig Abhilfe: Solange in der Nachbarschaft Wacholder wachsen, sind Neuinfektionen nahezu garantiert. Daher besser auf robuste Birnen- und/oder Wacholdersorten umschwenken.

Säulenrost an Johannis- und Stachelbeeren

Allgemeines: Vor allem das Laub Schwarzer Johannisbeeren und Stachelbeeren zeigt im Frühjahr helle Pünktchen und blattunterseits gelbliche Pusteln, die mit der Zeit zu winzigen Säulen heranwachsen. Verantwortlich ist der Pilz *Cronartium ribicola.* Bei starkem Befall sind die gesamten Blattunterseiten von einem samtigen Belag überzogen, die Blätter fallen ab. Einen schwachen Befall verkraften die Pflanzen gut, in Jahren mit hohem Befallsdruck kann sie der massive Blattfall stark schwächen. *Cronartium ribicola* gehört zu den wirtswechselnden Pilzen, er überwintert als »Weymouths-Kiefern-Blasenrost« auf fünfnadeligen Kiefernarten. Namensgebend sind die blasenförmige orange- bis ockerfarbene Sporenlager an den Gehölztrieben.

Vorbeugen: Auf Rote und Weiße Johannisbeeren umsteigen, sie werden so gut wie nie befallen. Für optimale Standortbedingungen sorgen und für eine gute Durchlüftung die Gehölze regelmäßig schneiden – dadurch sinkt das Risiko für alle Pilzinfektionen.

Bekämpfen: Im Frühjahr regelmäßig kontrollieren und verdächtige Blätter entfernen. Leider gibt es unter den zugelassenen Pflanzenschutzmitteln aus Umweltsicht kein »kleineres Übel«. Eine chemische Bekämpfung bringt aber ohnehin keine langfristigen Erfolge, denn solange fünfnadelige Kiefern in der Umgebung wachsen, kehrt der Pilz immer wieder zurück. Vorbeugende Maßnahmen sind daher wesentlich effektiver.

Äste oder ganze Pflanze betroffen

Monilia-Pilze Spitzendürre und Fruchtfäulen

Allgemeines: Für die vor allem an Kirsch- und Pflaumenbäumen, seltener an Apfel und Birne auftretende Spitzendürre ist der Pilz *Monilia laxa* verantwortlich. Nachdem der Erreger über die Blüten in das Gehölz eingedrungen ist, vertrocknen zunächst schlagartig die Blütenbüschel im befallenen Bereich, dann sterben ganze

Triebe von der Spitze beginnend ab. Achtung, Verwechslungsgefahr mit Feuerbrand! Klarheit bringt ein Test: Legen Sie ein Stück eines betroffenen Triebs mit einem feuchten Tuch in eine saubere Kunststofftüte. Bildet sich nach spätestens zwei Tagen ein weißer Pilzrasen, lautet die Diagnose *Monilia laxa*. Sowohl *M. laxa* als auch der weniger bedeutsame Erreger *M. fructigena* können an Apfel-, Birn-, Kirsch- und Pflaumenbäumen ein weiteres Schadbild verursachen: Fruchtfäule. Dabei folgen auf bräunliche Faulstellen weißgraue bis gelbliche Sporenpolster, oft in Ringform. Die Früchte fallen ab oder bleiben als Fruchtmumien am Baum hängen.
Vorbeugen: hoch anfällige Sorten wie die Sauerkirsche 'Schattenmorelle' durch widerstandsfähige Sorten ersetzen. Empfehlenswert sind beispielsweise 'Achat', 'Jade', 'Karneol', 'Kordia', 'Korund', 'Morina' und 'Schwäbische Weinweichsel'. Hoch anfällige Apfelsorten sind 'Berlepsch', 'Cox Orange', 'James Grieve' und 'Goldrenette von Blenheim'. Empfehlenswert sind stattdessen festfleischige Sorten mit spätem Erntetermin, etwa 'Rewena' (zudem feuerbrandresistent und wenig schorfanfällig) und 'Red Topaz' (zudem schorfresistent und kaum von Mehltau und Obstbaumkrebs betroffen). Die Gefahr für Pilzinfektionen sinkt bei optimalen Standortbedingungen und sorgfältiger Hygiene.
Bekämpfen: Im Hobbybereich sind keine chemischen Pflanzenschutzmittel zugelassen (Stand Frühjahr 2016). Befallene Triebe mindestens 20 cm tief ins gesunde Holz zurückschneiden. Die Grenze zum gesunden Holz wird häufig durch den Austritt einer harzähnlichen, durchsichtigen bis bernsteinfarbenen Flüssigkeit markiert, kranke Triebe sind innen zudem dunkel verfärbt.

Die Spitzendürre lässt Sauerkirschtriebe schlagartig verdorren. Bis ins gesunde Holz zurückschneiden.

An Früchten verursachen *Monilia*-Erreger Fäulnis und weiße, oft kreisförmige Sporenlager.

Feuerbrand

Allgemeines: Feuerbrand betrifft vor allem Birne und Quitte, aber auch Apfel, Eberesche *(Sorbus)*, Felsenbirne *(Amelanchier)*, Rot- und Weißdorn *(Crataegus)*, Felsenmispel *(Cotoneaster)*, Feuerdorn *(Pyracantha)*, Glanzmispel *(Photinia)* und Zierquitte *(Chanomaeles)*. Ausnahmsweise ist mal kein Pilz die Ursache, sondern das Bakterium *Erwinia amylovora*. Es verbreitet sich vor allem bei feucht-warmer Witterung rapide und kann die Gehölze stark schädigen oder gar zum Absterben bringen. Erste Symptome sind rotbraun bis schwarz verfärbte, lederartig verschrumpelte Blätter an den Triebspitzen, die dadurch wie verbrannt aussehen. Nach einiger Zeit krümmen sie sich hakenartig nach unten und bei hoher Luftfeuchtigkeit ist am Holz schleimartiges, klares bis orangefarbenes Sekret zu erkennen. (Test zur Unterscheidung von *Monilia laxa* siehe *Monilia*-Pilze.)

Vorbeugen: Den wirksamsten Schutz bieten geeignete Sorten, beim Apfel etwa die resistenten Sorten 'Reanda' und 'Rewena' und die sehr widerstandsfähigen Sorten 'Remo', Retina' und 'Red Delicious', bei Birnen 'Harrow Sweet', 'Harrow Delight' und 'Gellerts Butterbirne' und bei Quitten die Sorte 'Cydora Robusta'. Die Infektionsgefahr (auch für Pilzerkrankungen) sinkt zudem bei optimalen Standortbedingungen (siehe S. 36, vor allem Staunässe vermeiden) und sorgfältiger Hygiene.

Bekämpfen: Im Hobbybereich sind keine chemischen Pflanzenschutzmittel zugelassen (Stand Frühjahr 2016). Weil Feuerbrand im Nu ganze Obstanlagen vernichten kann, ist diese Krankheit meldepflichtig! Wenden Sie sich bei Feuerbrandverdacht an den in Ihrem Bundesland zuständigen Pflanzenschutzdienst. Experten prüfen dann, ob tatsächlich ein Feuerbrandbefall vorliegt und entscheidet, ob ein Rückschnitt bis etwa 40 cm ins gesunde Holz genügt, oder ob das Gehölz gerodet werden muss. Pflanzenteile müssen – in Abstimmung mit der Kommune – direkt am Gehölzstandort verbrannt oder in zusammengebundenen Müllsäcken zur nächsten Verbrennungsanlage gebracht werden. Tragen Sie bei allen Schnitt- oder Rodungsarbeiten Einmalhandschuhe und desinfizieren Sie Schnittwerkzeuge nach jedem einzelnen Schnitt mit 70prozentigem Alkohol – außer beim Roden, da genügt eine Abschlussbehandlung.

An Aprikosen tritt Feuerbrand seltener auf, zeigt aber ebenfalls hakenförmig verkrümmte Triebspitzen.

Obstgehölze, die vom Pilz *Nectria galligena* befallen wurden, versuchen, die Rindenschäden zu überwachsen.

Obstbaumkrebs

Allgemeines: Der Pilz *Nectria galligena* äußert sich durch rot- bis dunkelbraun verfärbte, eingesunkene Stellen in der Rinde, oft entstehen auch größere Wunden. Der Baum versucht, diese mit neuem Gewebe zu überwachsen, was zur Symptombezeichnung führte. Junge Triebe können oberhalb der befallenen Stelle absterben. Anhaltende Feuchtigkeit begünstigt den Befall. Zu Neuinfektionen kommt es vor allem im Herbst über die noch wenig geschützten Rindenansatzstellen des abgefallenen Laubs.

Vorbeugen: Optimale Standortbedingungen (siehe S. 36, vor allem Staunässe vermeiden) und sorgfältige Hygiene senken das Infektionsrisiko. Ein sogenannter Weißanstrich im Herbst schützt vor allem junge Gehölze vor Frostrissen, durch die der Erreger eindringen kann. Frostrisse entstehen durch die sich aufbauende Spannung, wenn sich die Sonnenseite eines sonst winterkalten Gehölzes erwärmt. Weißanstrich können Sie kaufen oder aus 1,5 kg Branntkalk auf 10 l Wasser selbst anrühren, abschließend 600 g Tapetenkleister zugeben (ausreichend für etwa fünf kleinere Bäume).

Bekämpfen: Im Hobbybereich sind keine chemischen Pflanzenschutzmittel zugelassen (Stand Frühjahr 2016). Erkrankte junge Triebe 30 cm unterhalb der Symptome entfernen, stärkere Äste bis ins nicht mehr dunkel verfärbte gesunde Holz zurückschneiden – bei trockener Witterung, damit der Pilz nicht auch noch die neuen Wunden besiedelt. Wundverschlussmittel sind nicht notwendig, viel wichtiger sind scharfe Schnittwerkzeuge, denn glatte Wunden werden am schnellsten mit neuer Rinde »überwallt« und heilen schnell. An fransigen Wunden bildet sich kein Kallus.

Himbeerrutenkrankheit

Allgemeines: Sammelbegriff für verschiedene Pilzkrankheiten mit ähnlichen Symptomen: zögerlich austreibende Ruten mit rotbraunen, blauvioletten oder schwarzen Rindenflecken, die sich meist zuerst am Pflanzenfuß oder um die Blattansatzstellen zeigen. Bei fortschreitendem Befall löst sich die Rinde stellenweise, die Ruten werden brüchig und sterben ab.
Vorbeugen: Für entspanntes Gärtnern sorgen widerstandsfähige Sorten wie 'Elida' (Reifezeit Anfang Juni), 'Glen Ample' (Reifezeit Mitte Juni), 'Schönemann Typ Meyer' (Reifezeit Ende Juni) oder die Herbst-Himbeere 'Autumn Bliss' (Reifezeit Mitte Juli). Vermeiden Sie zudem Verletzungen der Ruten, beugen Sie Trockenrissen durch regelmäßiges Wässern und einen Standort abseits der prallen Sonne vor und beachten Sie allgemeine Hygienemaßnahmen. Abgetragene Ruten umgehend entfernen.
Bekämpfen: Im Hobbybereich sind keine chemischen Pflanzenschutzmittel zugelassen (Stand Frühjahr 2016). Befallene Ruten umgehend entfernen.

Himbeerruten mit rötlichen bis schwarzen Rindenflecken leiden an der Rutenkrankheit und werden entfernt.

Wurzelfäule an Himbeeren und Erdbeeren

Allgemeines: Der Pilz *Phytophthora fragariae* verursacht zunächst Welkeerscheinungen an Himbeerblättern und Erdbeerpflanzen sowie Wachstumsstockungen und einen auffallend geringen Fruchtansatz. Während bei Himbeeren erst nur einzelne Ruten an der Austriebsstelle braun werden und absterben, gehen Erdbeerpflanzen komplett ein. Ein Blick auf die Wurzeln schafft Gewissheit: Bei befallenen Himbeeren sind die Wurzeln braun-schwarz verfärbt und faulen, bei Erdbeeren ist die Mitte des längs aufgeschnittenen Wurzelballens rot verfärbt (»Rote Wurzelfäule«).
Vorbeugen: Siehe Grauschimmel (siehe S. 141) und Himbeerrutenkrankheit (s. o.).
Bekämpfen: Die zugelassenen chemischen Pflanzenschutzmittel sind aus Umweltsicht nicht wirklich empfehlenswert. Befallene Pflanzen (am besten mitsamt der umgebenden Erde) entfernen und durch robuste Sorten ersetzen – an anderer Stelle, damit keine Bodenmüdigkeit auftritt.

Adressen, die Ihnen weiterhelfen

Umweltbundesamt

Diese unter Mitarbeit der Autorin entstandene Plattform informiert umfassend zum Thema Pflanzenschutz und Pflanzenschutzmittel.
www.uba.de/garten-pflanzenschutz

Gartenakademien

In vielen Bundesländern bieten Gartenakademien Hobbygärtnern ein breites Angebot an hilfreichen Informationen, Publikationen und Dienstleistungen – teils kostenlos, teils gegen Gebühren (etwa wenn Pflanzenproben eingeschickt werden können). Grundlegende Informationen, einen Terminkalender sowie eine Liste aller Gartenakadamien finden Sie auch unter
www.gartenakademien.de

Pflanzenschutzdienste

Sie sind die amtlichen Auskunftsstellen für Pflanzenschutz der Länder und als solche auch für die Beratung im Haus- und Kleingartenbereich zuständig. Viele Pflanzenschutzdienste halten nicht nur allgemeine und aktuelle Informationen rund um das Thema Pflanzenschutz bereit, sondern bieten auch eigene Servicehotlines zur kostenlosen telefonischen Beratung. Eine Liste der Pflanzenschutzdienste finden Sie auf den Seiten des Bundesamts für Verbraucherschutz und Lebensmittelsicherheit (BVL) unter www.bvl.bund.de, wenn Sie den Suchbegriff »Auskunftsstellen« eingeben.

Bodenuntersuchungen

Bodenproben kann man bei privaten Bodenlabors sowie beim Verband Deutscher Landwirtschaftlicher Untersuchungs- und Forschungsanstalten untersuchen lassen.
www.vdlufa.de

Allgemeine Angebote

Bundesamt für Verbraucherschutz und Lebensmittelsicherheit (BVL)

Die Infos zum Pflanzenschutz reichen von der Zulassung, den Risiken und dem Nutzen von Pflanzenschutzmitteln über die richtige Anwendung bis zum Thema Rückstände auf Lebensmitteln. In einer Onlinedatenbank können Sie zudem Schritt für Schritt nach zugelassenen Pflanzenschutzmitteln für die jeweils benötigte Kultur-Schaderreger-Kombination suchen. Geben Sie unter www.bvl.bund.de den Suchbegriff »Online-Datenbank Pflanzenschutzmittel« ein.

Online Datenbank ALPS

Die Infosammlung zum Erkennen, Vorbeugen und Bekämpfen von Schaderregern war ursprünglich für professionelle Erzeuger gedacht, auch Hobbygärtner finden hier viele verständlich aufbereitete Inhalte.
alps.jki.bund.de

PS Info Haus- & Kleingarten

Über die Suchmaschine des PS Info Haus- und Kleingarten kann man überprüfen, welche Auswirkungen aktuell zugelassene Pflanzenschutzmittel auf unterschiedliche Nützlinge haben. Umgekehrt kann man auch nach Wirkstoffen und Produkten zu suchen, die für bestimmte Nützlingsarten oder -gruppen nicht oder nur schwach schädigend sind. Auch Wartezeiten bis zur Ernte und Anwendungshinweise werden angezeigt. Hat man das etwas komplizierte System erst mal durchschaut, ist es ein sehr nützliches Tool. www.hausgarten.pflanzen-schutz-information.de

Hortipendium
www.hortipendium.de/Portal:Freizeitgarten
Nicht nur wegen der zahlreichen Schadfotos sehr empfehlenswert!

Diagnose- und Faktendatenbank für Gehölze
www.arbofux.de

Themenportal Kirschessigfliege drosophila.jki.bund.de

aid infodienst Ernährung, Landwirtschaft, Verbraucherschutz e. V. www.aid.de

Bundesverband Deutscher Gartenfreunde e. V.
www.kleingarten-bund.de

Deutsche Gartenbau-Gesellschaft 1822 e.V.
www.dgg1822.de

Bildungsstätte Gartenbau in Grünberg
www.bildungsstaette-gartenbau.de

Resistente Sorten

Allgemeine Deutsche Rosenneuheitenprüfung (ADR)
www.adr-rose.de

Arbeitskreis Staudensichtung
www.staudensichtung.de

Aktuelle Listen empfehlenswerter Gemüsesorten
www.hswt.de

Saatgutanbieter
www.garten-wn.de
(besonders viele resistente Sorten, auch Profi-Sorten)
www.tom-garten.de
www.samen-frese.de
www.bingenheimersaatgut.de
www.samenshop24.de
www.schneckenprofi.de

Schutzvorrichtungen

Gemüsekäfige
www.woodsteel.de

Kulturschutznetze mit Reißverschluss
www.garten-wn.de
(Hier gibt es auch andere Netze und Unterkonstruktionen.) shop.obstzentrum.de

Drahtkörbe
www.wuehlmaus-stop.de
Schlagfallen gegen Wühlmäuse sowie Schneckenkorn und weitere Pflanzenschutzmittel

schneckenprofi.de
Prinzipiell sollte man Pflanzenschutzmittel nur dann online kaufen, wenn man in der Diagnose hundertprozentig sicher ist. Eines muss man dem Portal schneckenprofi.de aber lassen: Die Seite informiert wirklich umfangreich darüber, welche Zulassungen die einzelnen Produkte haben und wie sie richtig eingesetzt werden, und bietet darüber hinaus viele weitere hilfreiche Infos zum Pflanzenschutz.

Gewächshauszubehör, Tomatendächer
www.beckmann-kg.de

Infos zu Nisthilfen
www.wildbienenschutz.de
www.nabu.de
www.bund.net
www.lbv.de

Nützlingsanbieter
www.nuetzlinge.de
www.katzbiotech.de
www.biohelp-shop.de

Produkte mit dem Apfelwicklergranulosevirus
www.biofa-profi.de
Profi-Anbieter, versendet aber auch an Hobbygärtner

Stichwortverzeichnis

Mit * gekennzeichnete Seitenzahlen verweisen auf Abbildungen.

Bildnachweis

Dorothea Baumjohann: 9 u, 71 u, 115, 116 beide. **COMPO/gartenfoto.eu/Staffler:** 85. **Eurogreen:** 89. **Flora Press Agency:** /Bodo Butz 87 li, /gartenfoto.at 88, /Martin Hughes-Jones 81-3, 124, /Meyer-Rebentisch 44, /Nova Photo Graphik 30, /Royal Horticultural Society 137, /Thomas Lohrer 141 li. Gardena 60. **Die Grüne Fotoagentur/Ellen Henseler:** 129. **Katz Biotech AG:** 69, 72. **Folko Kullmann:** 80-2. **mauritius images:** /David Norton/Alamy 66, /Nigel Cattlin/Alamy 65, 81-4, /imageBROKER/John Eveson/FLPA 54, imageBROKER/Richard Becker/FLPA 100. **pixelio/John Raetz:** 28. **Mascha Schacht:** 15, 1, 20, 24, 32, 37, 38, 41, 48, 62, 63, 71 o, 76, 78, 80-4, 82, 82, 98, 102, 110. **Shutterstock:** 1, 2/3, 4 beide, 5 beide, 6/7, 9 o, 10 beide, 18, 19, 42, 49, 50, 52 alle 4, 53 alle 5, 79, 80-3, 81-2, 81-5, 87 re, 94, 97, 105, 108, 113, 114, 126, 133, 146, 148 beide, 150 re, 151. **Friedrich Strauß:** 12, 26/27, 33, 55, 74/75, 77. **Annette Timmermann:** 117 li, 128 beide. **Andreas Vietmeier:** 56, 91, 101, 104 beide, 107, 112, 117 re, 120 beide, 121, 122, 123, 125, 129, 132, 134, 135, 138, 139, 140, 141 re, 143, 149, 150 li, 152, 153. **Wikipedia:** 80-1, 81-1

Über die Autorin

Mascha Schacht ist Dipl.-Ing. für Gartenbau und arbeitet als freie Journalistin und Buchautorin für verschiedene Publikumszeitschriften, Fachmagazine und Verlage. Sie gärtnert bereits seit ihrer Jugend und hat insbesondere in den ersten Jahren so einige Pflänzchen wie bei vielen Gärtnern eher widerwillig nicht nur in, sondern auch unter die Erde gebracht. Die Auseinandersetzung mit dem Thema Pflanzenschutz erfolgte zunächst eher widerwillig, dann jedoch mit immer größerer Faszination. Heute versucht die zweifache Gartenbuchpreisträgerin, ihr Umfeld für den integrierten Pflanzenschutz zu begeistern – und für ein entspannteres Gärtnern mit Spaß.

Impressum

Bibliografische Information der Deutschen Nationalbibliothek
Die Deutsche Nationalbibliothek verzeichnet diese Publikation in der Deutschen Nationalbibliografie; detaillierte bibliografische Daten sind im Internet über http://dnb.d-nb.de abrufbar.

Umschlagkonzeption und -gestaltung: BLV Verlag
Umschlagillustration und -fotos: Fotolia (Vorderseite), Mascha Schacht (Rückseite links), mauritius images/David Norton/Alamy (Rückseite rechts)

Programmleitung Garten: Caroline Kaum
Projektleitung: Kullmann & Partner GbR
Lektorat: Dr. Folko Kullmann
Herstellung: Ruth Bost
Satz: Kristijan Matic, Stuttgart

BLV Buchverlag GmbH & Co. KG
80636 München

Gedruckt auf chlorfrei gebleichtem Papier

Printed in Germany
ISBN 978-3-8354-1542-3

Hinweis
Das vorliegende Buch wurde sorgfältig erarbeitet. Dennoch erfolgen alle Angaben ohne Gewähr. Weder Autoren noch Verlag können für eventuelle Nachteile oder Schäden, die aus den im Buch vorgestellten Informationen resultieren, eine Haftung übernehmen.

www.facebook.com/blvVerlag